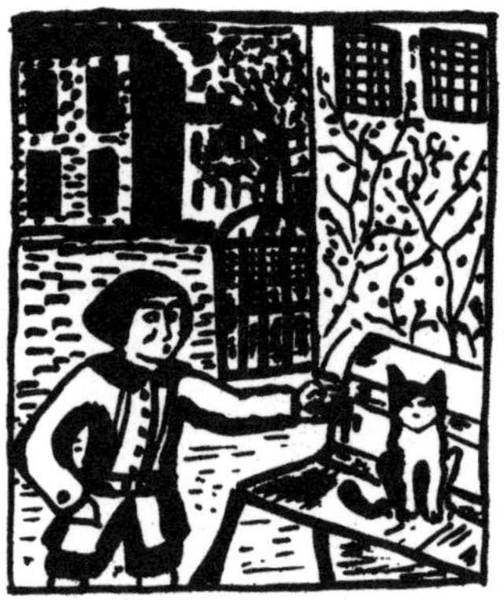

MITSOU
Histoire d'un chat

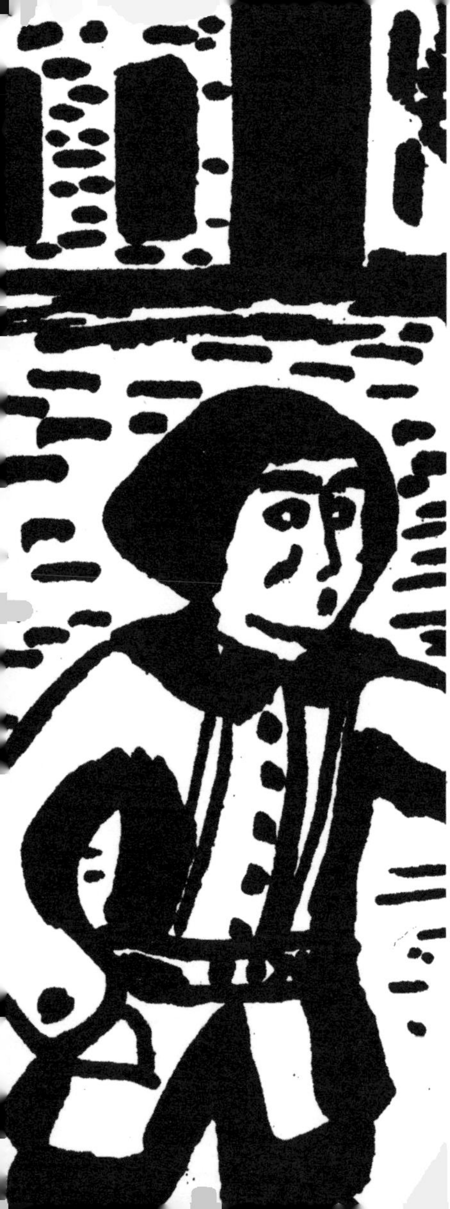

Cette édition est dédiée à
Setsuko et Harumi Klossowska de Rola.

Directeur d'ouvrage : Éric Adda

ISBN : 978-2-251-44398-0

RAINER MARIA RILKE

Dessins de BALTHUS

MITSOU

Histoire d'un chat

Les Belles Lettres | Archimbaud

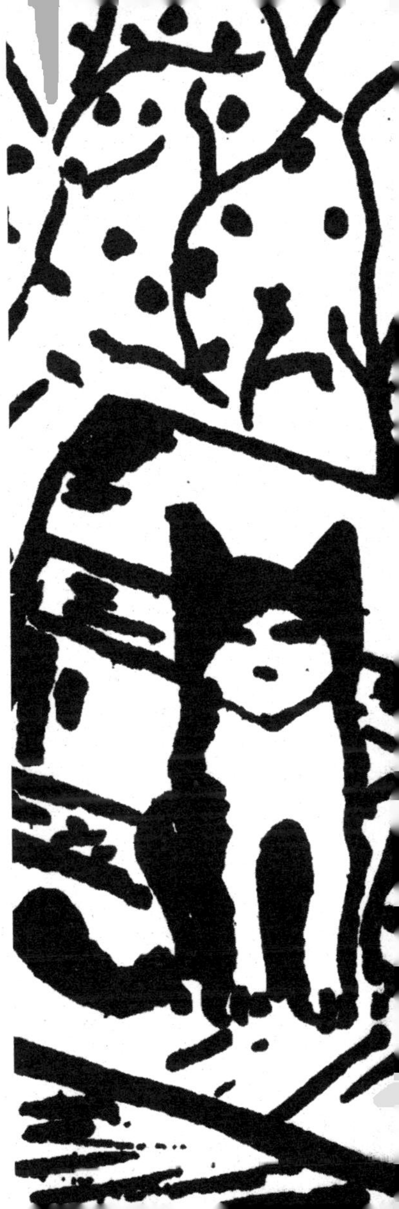

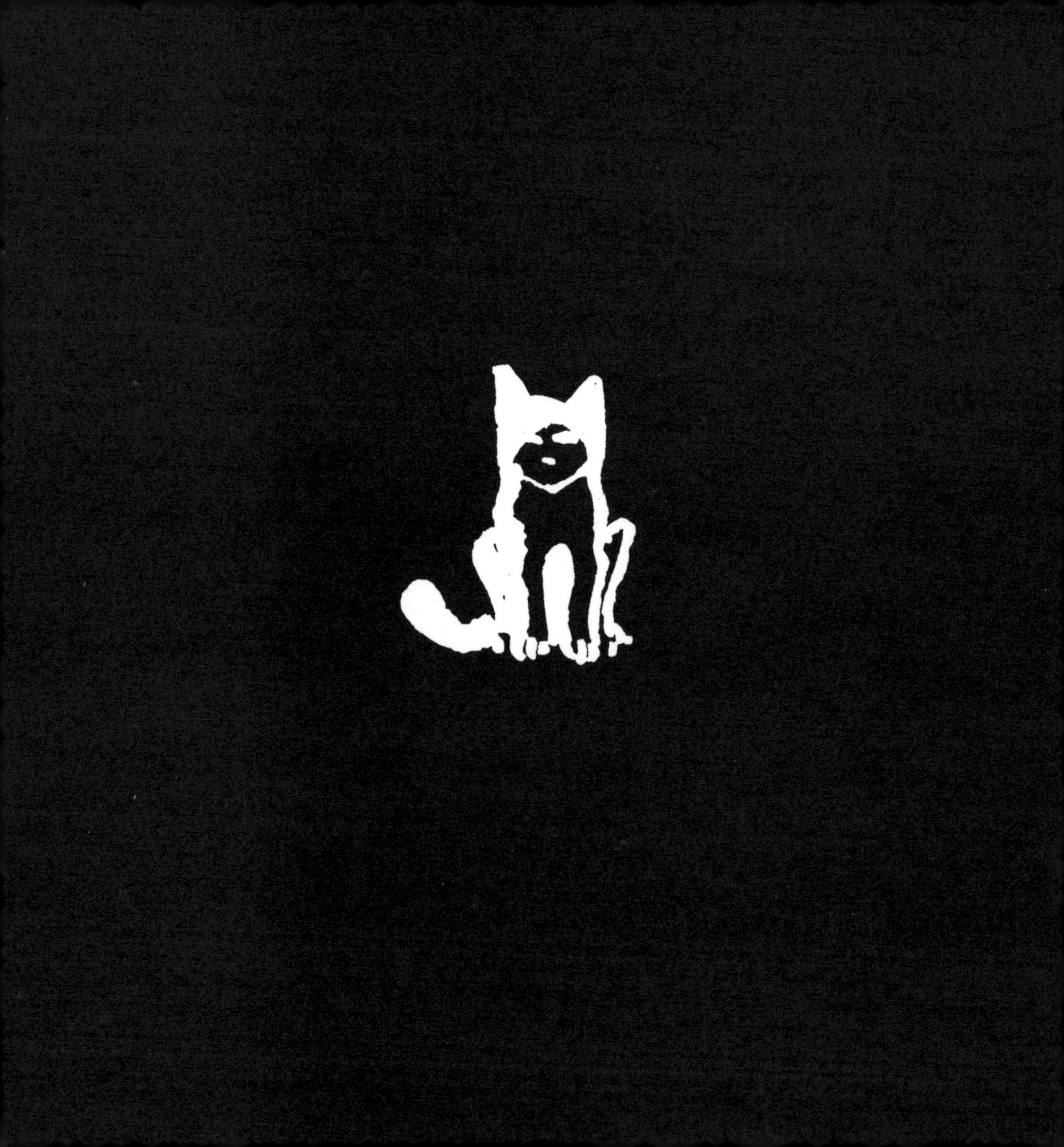

SOMMAIRE

AVANT-PROPOS
À LA PRÉSENTE ÉDITION

En 1919, Rainer Maria Rilke fait la connaissance à Genève de Baladine Klossowska et de ses deux fils, Pierre et Balthus. Le poète encourage ce dernier à dessiner et à peindre. Le jeune garçon de onze ans a déjà réalisé des pastels et surtout une série de quarante dessins racontant l'histoire de Mitsou, un chat qu'il a trouvé, auquel il s'est attaché, mais qui, un beau jour, a disparu. Rilke trouve cet ensemble « si charmant, d'un talent si ingénu, d'une disposition si sûre », qu'il décide de lui donner un prologue et d'en arranger la publication. Ce sera le premier texte qu'il écrira directement en français. Bientôt il sollicite les éditeurs et effectue les démarches nécessaires, et c'est ainsi que paraît à Zürich en 1921, chez Rotapfel Verlag, *Mitsou*.

En 1988, au cours d'une conversation, je crois comprendre que Balthus ne serait pas mécontent que cet ouvrage soit à nouveau disponible, l'édition originale étant depuis longtemps épuisée et ses exemplaires introuvables. Décision alors est prise de le rééditer en fac-similé à la Librairie Séguier. En 1993, je publie dans une édition sur beau papier les lettres en français que Rilke adressa à son jeune ami peintre entre 1920 et 1926, lettres éditées jadis en revue, mais elles aussi introuvables. Puis, en 1998, je coédite avec Somogy un beau-livre réunissant dessins de Balthus, prologue et lettres de Rilke, le tout précédé d'un excellent texte de présentation de Marc de Launay, « Perdre ce qu'on ignore ». Enfin, en 2002, cet ouvrage (aujourd'hui épuisé en édition courante) est réédité en format poche chez Rivages.

Pourquoi alors, dira-t-on, cette présente édition de *Mitsou*? C'est qu'elle est le résultat d'une promesse faite à Balthus. Lorsque j'avais lu les lettres de Rilke pour la première fois, il m'était en effet apparu qu'elles possédaient, sans que l'on ne trahisse en rien les mots et l'esprit du poète, un fort potentiel scénique. Je m'en étais ouvert à Balthus qui ne m'avait pas découragé. Une chose cependant le préoccupait, le choix du comédien. Difficile pour lui d'imaginer quelqu'un incarnant Rilke. Après quelque temps cependant, il me fit part de sa décision. Il me donnait son accord pour que je mène à bien ce projet, mais à la seule condition que le comédien choisi fût Michael Lonsdale. À moi de convaincre celui-ci. Le peintre l'avait connu en Italie puis avait eu l'occasion de le revoir à Paris ; avec lui il se sentait en affinité et leur amitié commune pour Madeleine Renaud et Jean-Louis Barrault les unissait. Cela tombait bien. Michael Lonsdale est un ami de longue date et mon admiration pour son talent se double d'une vive affection pour l'homme, sa bonté et sa simplicité.

Ce projet n'a malheureusement pas pu aboutir du vivant du peintre, mais voici que trois ans après sa disparition, cette édition de *Mitsou* (heureux mariage d'une mise en images et en voix d'une grande poésie) précède de quelques mois sa mise en scène. Je n'en suis que plus reconnaissant à Michael Lonsdale de sa fidélité à la parole donnée à Balthus. En tournant les pages de ce livre et en écoutant la voix du comédien (et quelle voix !), ce sont les mots du peintre qui me reviennent en mémoire : « Personne ne peut comprendre ce que représentent ces premiers dessins pour moi. Seul Rilke l'avait pressenti. » C'est dire quelle place occupait *Mitsou* dans le cœur du peintre, non pas seulement celle d'une première tentative de jeunesse, mais bien la promesse de toute l'œuvre à venir.

M. A.

MITSOU
Histoire d'un chat

PRÉFACE DE RAINER MARIA RILKE

Au château de Berg-am-Irchel,
en novembre 1920
RAINER MARIA RILKE

Qui connaît les chats ? – Se peut-il, par exemple, que vous prétendiez les connaître ? J'avoue que, pour moi, leur existence ne fut jamais qu'une hypothèse passablement risquée.

Les bêtes, n'est-ce pas, pour appartenir à notre monde, il faut qu'elles y entrent un peu. Il faut qu'elles consentent, tant soit peu, à notre façon de vivre, qu'elles la tolèrent ; sinon, elles mesureront, soit hostiles, soit craintives, la distance qui les sépare de nous et ce sera là leur manière de rapports.

Voyez les chiens : leur rapprochement confidentiel et admiratif est tel que certains d'entre eux semblent avoir renoncé à leurs plus anciennes traditions canines, pour adorer nos habitudes et même nos erreurs. C'est bien cela qui les rend tragiques et sublimes. Leur décision de nous admettre les force d'habiter, pour ainsi dire, aux confins de leur nature qu'ils dépassent constamment de leur regard humanisé et de leur museau nostalgique.

Mais quelle est l'attitude des chats ? – Les chats sont des chats, tout court, et leur monde est le monde des chats d'un bout à l'autre. Ils nous regardent, direz-vous ? Mais a-t-on jamais su si vraiment ils daignent loger un instant au fond de leur rétine notre futile image ? Peut-être nous opposent-ils, en nous fixant, tout simplement un magique refus de leurs prunelles à jamais complètes ? – Il est vrai que certains d'entre nous se laissent influencer par leurs caresses câlines et électriques. Mais que ceux-là se souviennent de l'étrange et brusque distraction avec laquelle leur animal favori mit souvent fin à des épanchements qu'ils eussent cru réciproques. Eux aussi, ces privilégiés admis auprès des chats, ont été reniés et désavoués maintes fois et, tout en pressant encore contre leur poitrine la bête mystérieusement apathique, ils se sentaient arrêtés au seuil de ce monde qui est celui des chats et que ceux-ci habitent exclusivement, entourés de circonstances que nul de nous ne saurait deviner.

L'homme fut-il jamais leur contemporain ? – J'en doute. Et je vous assure que parfois, au crépuscule, le chat du voisin saute à travers mon corps, en m'ignorant, ou pour prouver aux choses ahuries que je n'existe point.

Ai-je tort, dites, de vous mêler à ces réflexions, tout en voulant vous conduire vers l'histoire que mon petit ami Baltusz va vous raconter ? Il la dessine, c'est vrai, sans vous parler davantage, mais ses images suffiront largement à votre curiosité. Pourquoi les répéterais-je sous une autre forme ? Je préfère y ajouter ce que lui ne dit pas encore. Résumons cependant l'histoire :

Baltusz (je crois qu'il avait dix ans à cette époque) trouve un chat. Cela se passe au château de Nyon que, sans doute, vous connaissez. On lui permet d'emporter sa petite trouvaille tremblante, et le voilà en voyage avec elle. C'est le bateau, c'est l'arrivée à Genève, au Molard, c'est le tram. Il introduit son nouveau compagnon à la vie domestique, il l'apprivoise, il le gâte, il le chérit. Mitsou se prête, joyeusement, aux conditions qu'on lui propose, tout en rompant parfois la monotonie de la maison par quelque improvisation folâtre et ingénue. Trouvez-vous exagéré que son maître, en le promenant, l'attache à cette ficelle gênante ? C'est qu'il se méfie de toutes les fantaisies qui traversent ce cœur de matou, aimant, mais inconnu et aventureux. Cependant, il a tort. Même le déménagement dangereux s'opère sans aucun accident, et la petite bête capricieuse s'adapte au milieu nouveau avec une docilité amusée. Puis, tout à coup, elle disparaît. La maison s'alarme ; mais, Dieu soit loué, ce n'est pas sérieux cette fois : on retrouve Mitsou au milieu du gazon, et Baltusz, loin de réprimander son déserteur, l'installe sur les tuyaux du calorifère bienfaisant. Vous goûterez comme moi, je suppose, l'accalmie, la plénitude qui suit cette angoisse. Hélas ! ce n'est qu'une trêve. Noël parfois se montre par trop séduisant. On mange des gâteaux, un peu sans compter ; on tombe malade. Et pour guérir, on s'endort. Mitsou, ennuyé de votre sommeil trop long, au lieu de vous éveiller, s'évade. Quel effarement ! Heureusement, Baltusz se trouve assez rétabli pour se lancer à la recherche du fugitif. Il commence par ramper sous son lit : rien. Ne vous semble-t-il pas bien courageux, tout seul, à la cave, avec sa bougie qu'en signe de recherche il emporte ensuite partout, au jardin, dans la rue : rien ! Regardez sa petite figure solitaire. Qui l'a abandonné ? C'est un chat ? – Se consolera-t-il avec le portrait de Mitsou que, dernièrement, son père ébauchait ? Non ; il y avait du pressentiment là-dedans ; et la perte commence Dieu sait quand ! C'est définitif, c'est fatal. Il rentre. Il pleure. Il vous montre ses larmes de ses deux mains :

Regardez-les bien.

Voilà l'histoire. L'artiste l'a mieux racontée que moi. Que me reste-t-il à dire encore ? Peu.

Trouver une chose, c'est toujours amusant ; un moment avant elle n'y était pas encore. Mais trouver un chat : c'est inouï ! Car ce chat, convenez-en, n'entre pas tout à fait dans votre vie, comme ferait, par exemple, un jouet quelconque ; tout en vous appartenant maintenant, il reste un peu en dehors, et cela fait toujours :

la vie + un chat,

ce qui donne, je vous assure, une somme énorme.

Perdre une chose, c'est bien triste. Il est à supposer qu'elle se trouve mal, qu'elle se casse quelque part, qu'elle finit dans la déchéance. Mais perdre un chat : non ! Ce n'est pas permis. Jamais personne n'a perdu un chat. Peut-on perdre un chat, une chose vivante, un être vivant, une vie ? Mais perdre une vie : c'est la mort !

Eh bien, c'est la mort.

Trouver. Perdre. Est-ce que vous avez bien réfléchi à ce que c'est que la perte ? Ce n'est pas tout simplement la négation de cet instant généreux qui vint combler une attente que vous-même ne soupçonniez pas. Car entre cet instant et la perte il y a toujours ce qu'on appelle – assez maladroitement, j'en conviens – la possession.

Or, la perte, toute cruelle qu'elle soit, ne peut rien contre la possession, elle la termine, si vous voulez ; elle l'affirme ; au fond ce n'est qu'une seconde acquisition, tout intérieure cette fois et autrement intense.

Vous l'avez senti d'ailleurs, Balthusz ; ne voyant plus Mitsou, vous vous êtes mis à le voir davantage.

Vit-il encore ? Il survit en vous, et sa gaieté de petit chat insouciant, après vous avoir amusé, vous oblige : vous avez dû l'exprimer par les moyens de votre tristesse laborieuse.

Aussi, une année après, je vous ai trouvé grandi et consolé.

Pour ceux cependant qui vous verront toujours éploré au bout de votre ouvrage, j'ai composé la première partie – un peu fantaisiste – de cette préface. Pour pouvoir leur dire à la fin : « Tranquillisez-vous : je suis. Baltusz existe. Notre monde est bien solide.

Il n'y a pas de chats. »

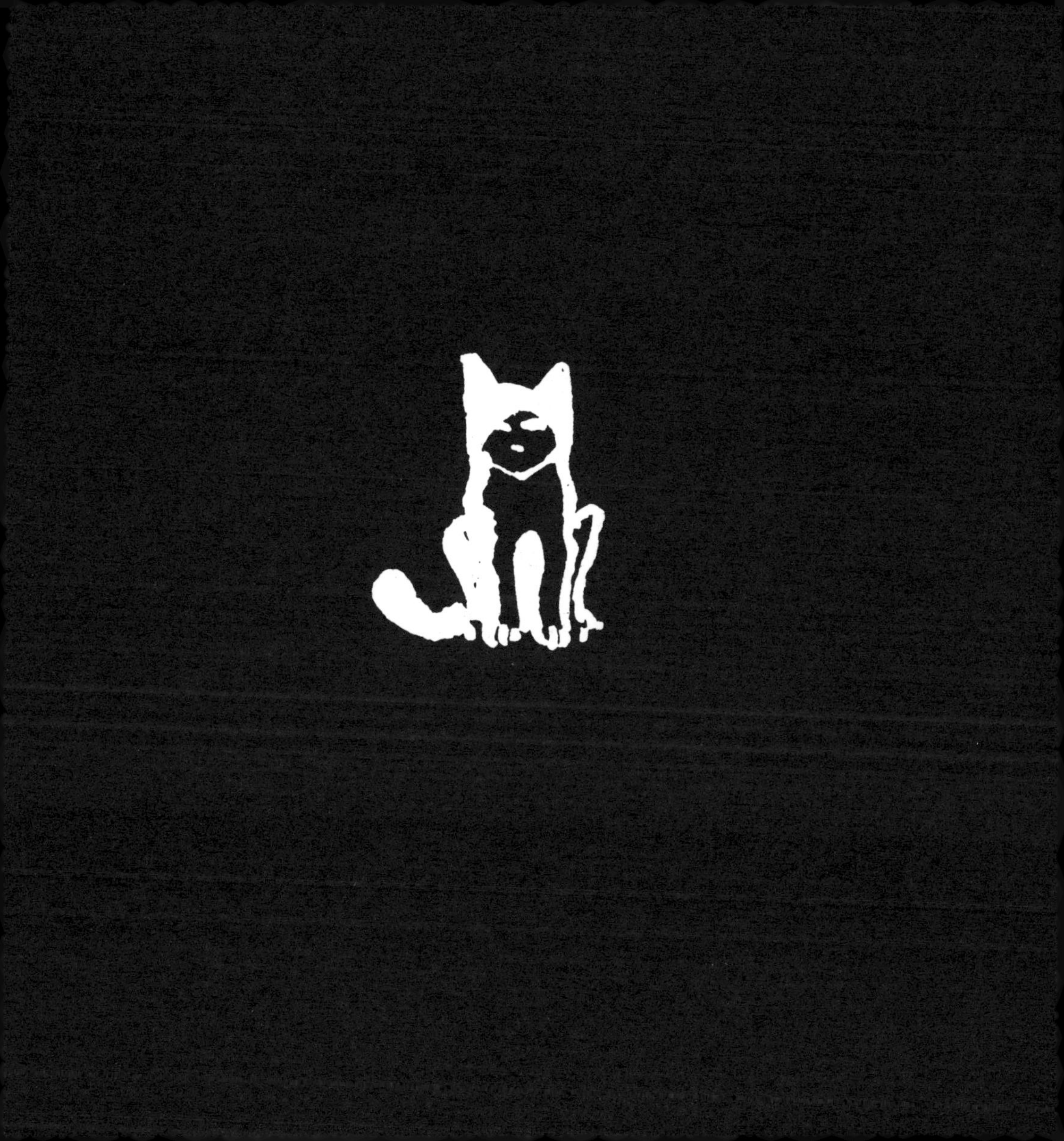

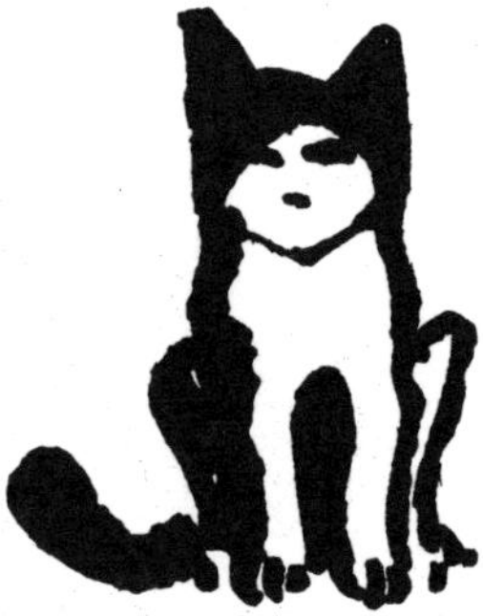

MITSOU
Histoire d'un chat

DESSINS DE BALTHUS

À mon cher

Arsène Davitcho.

B. K.

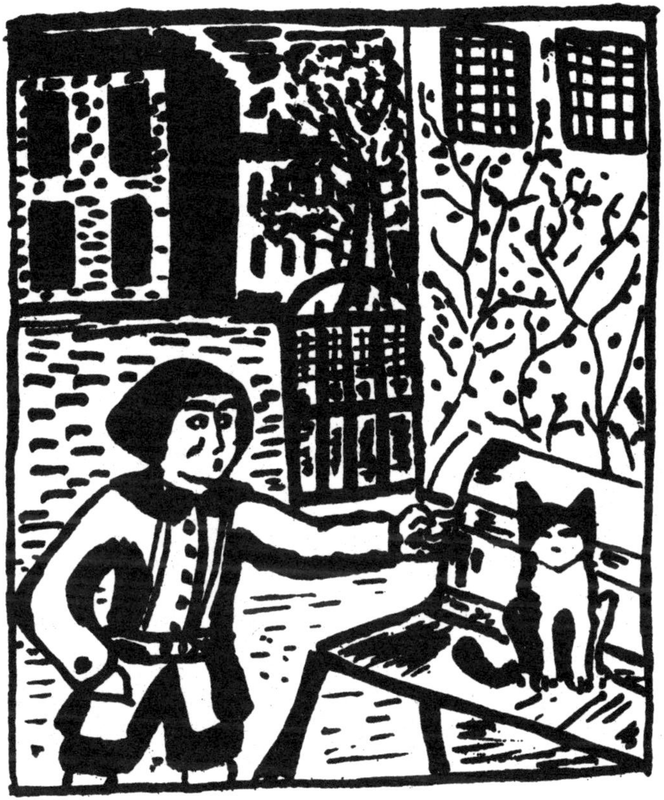

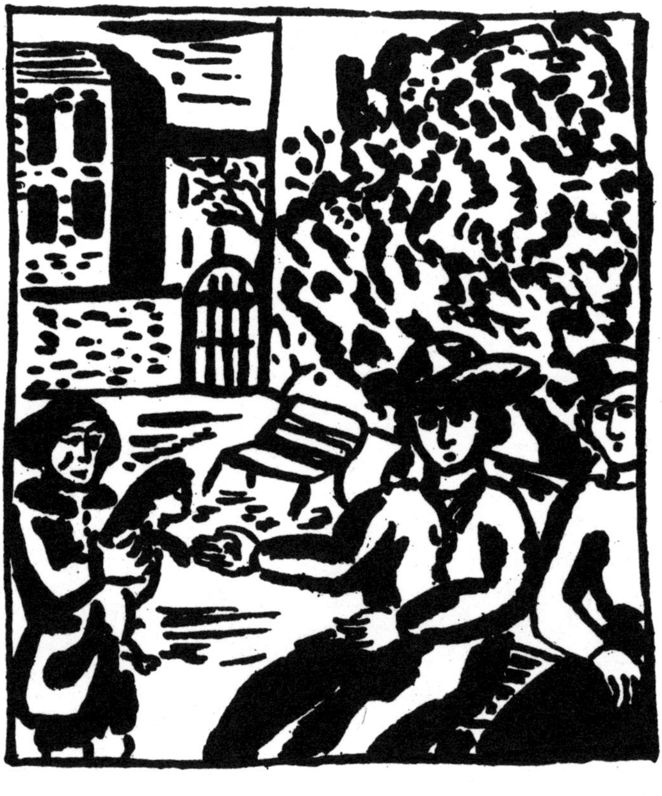

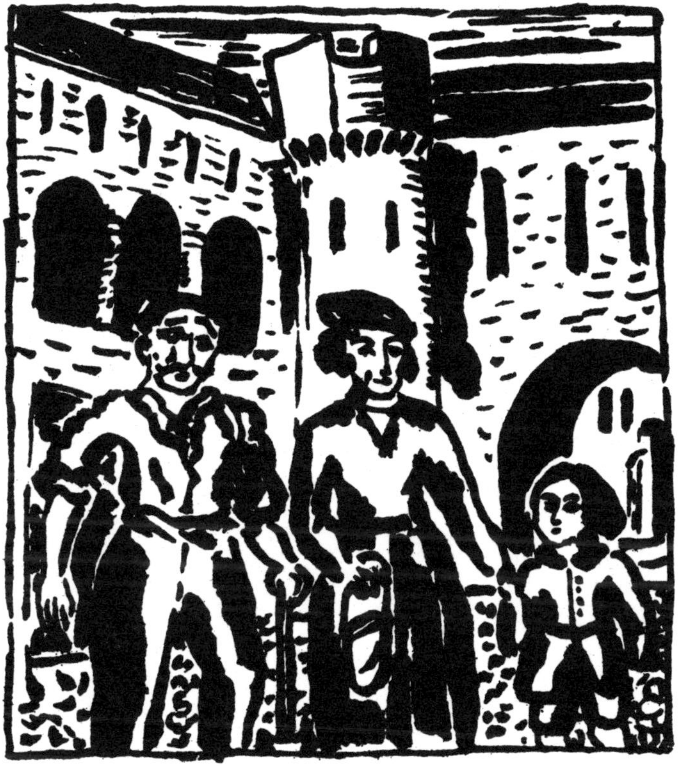

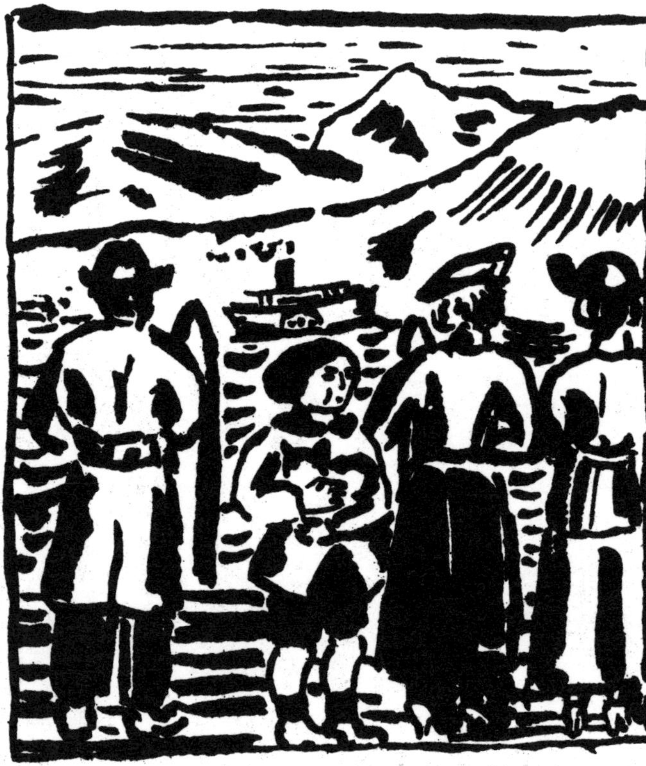

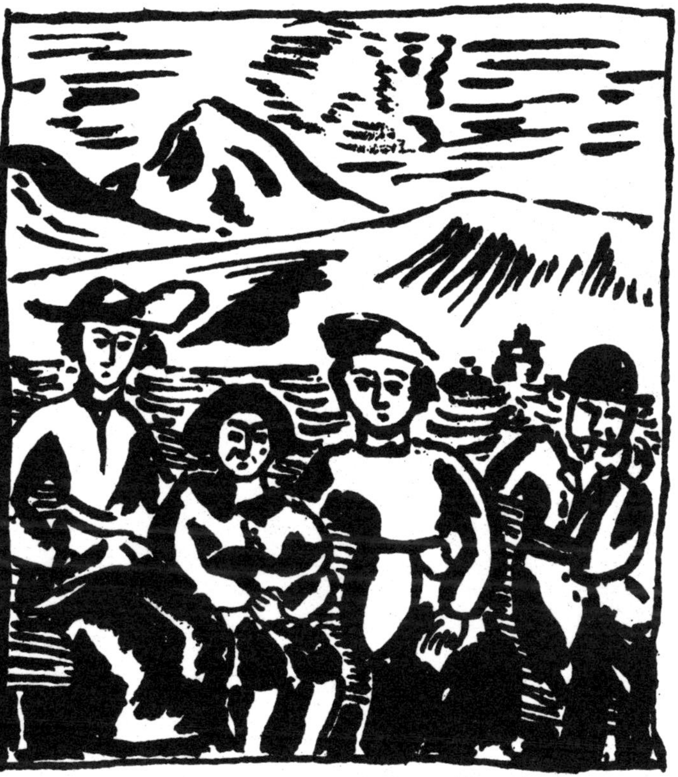

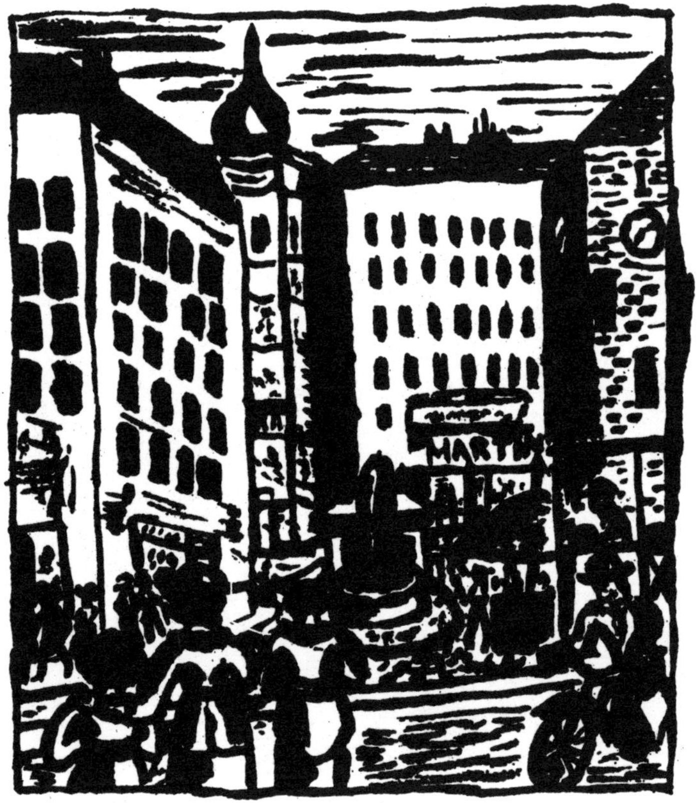

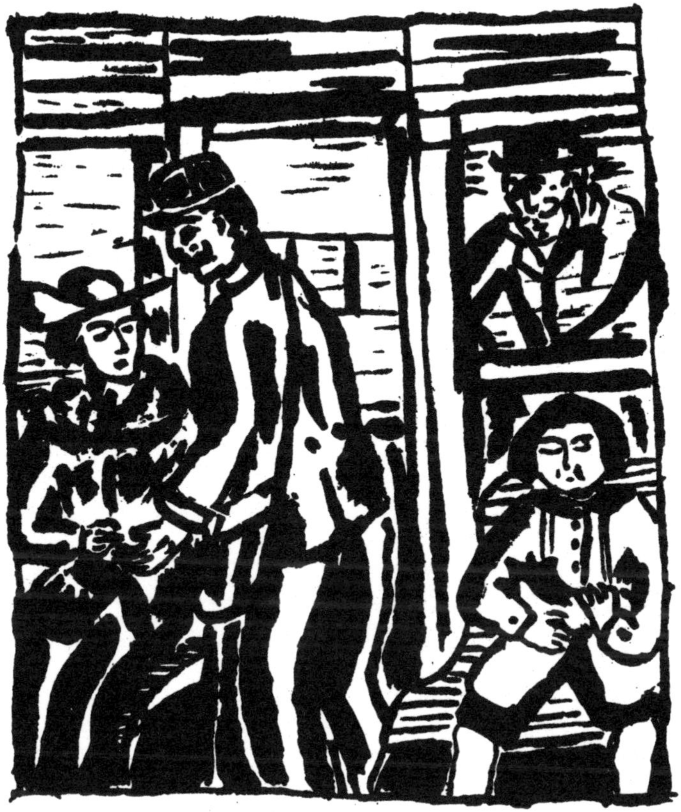

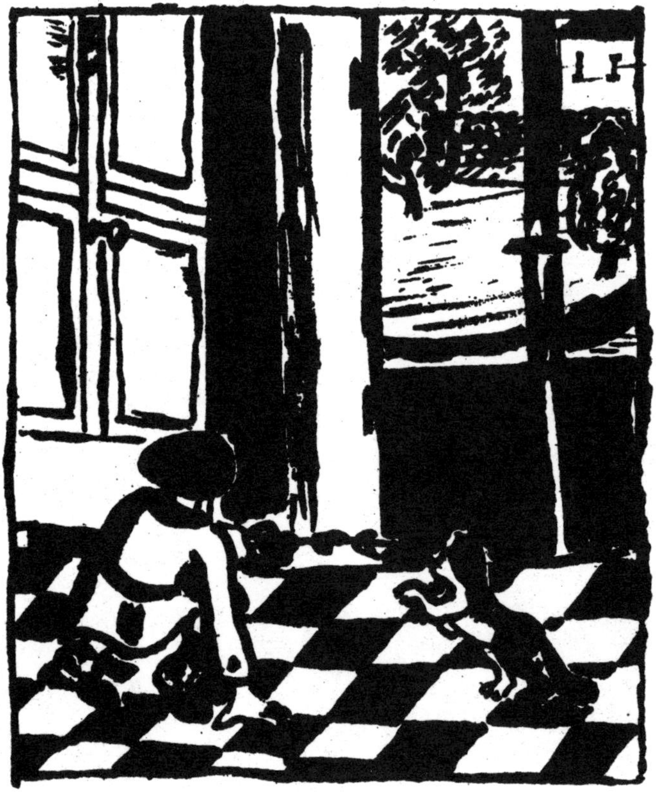

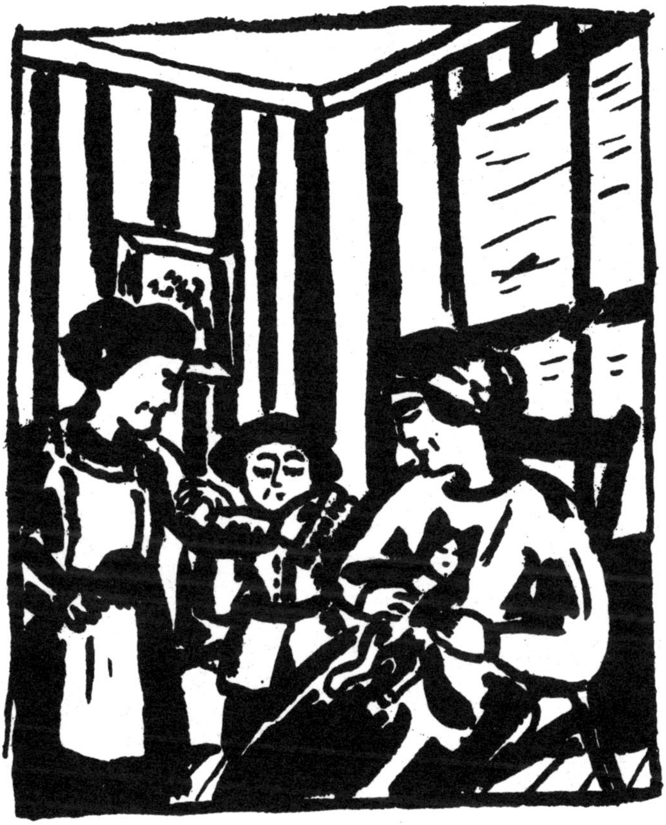

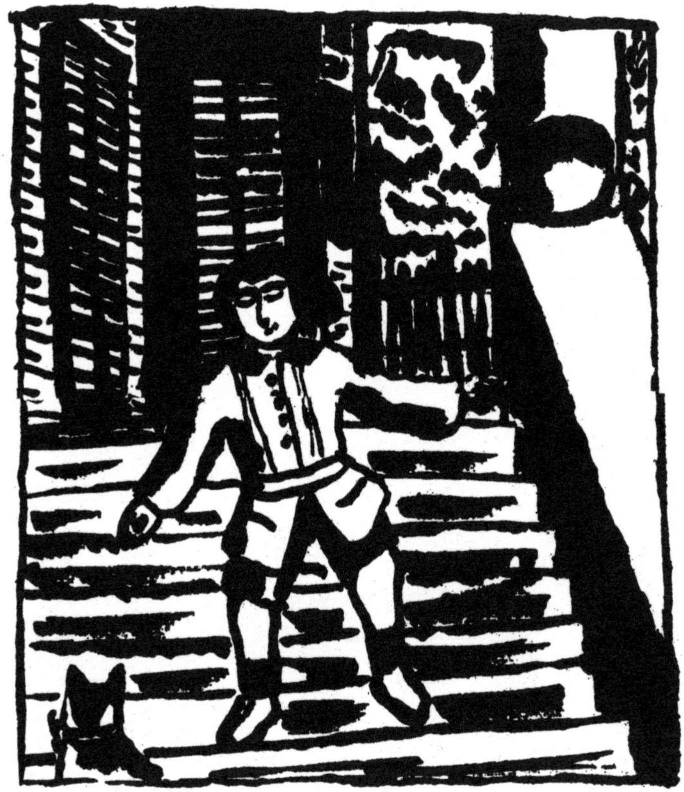

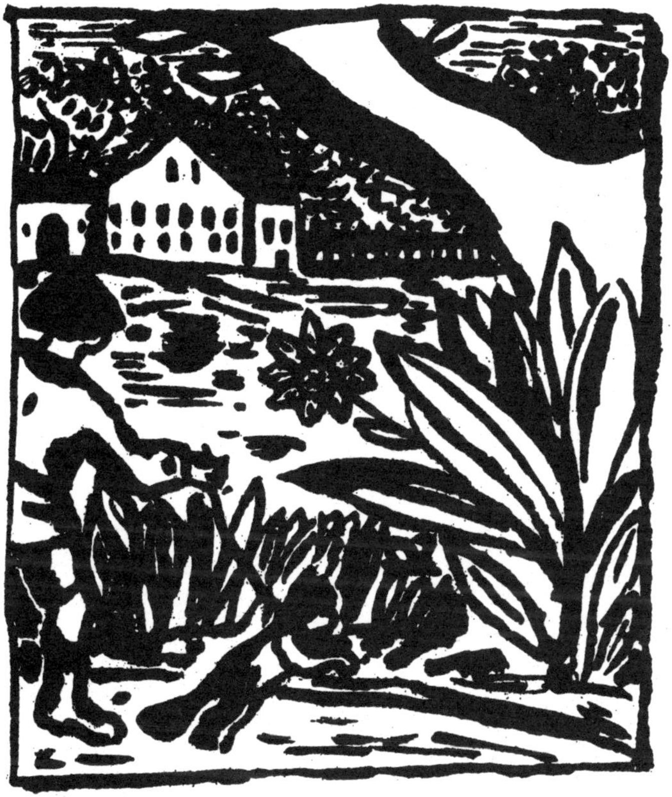

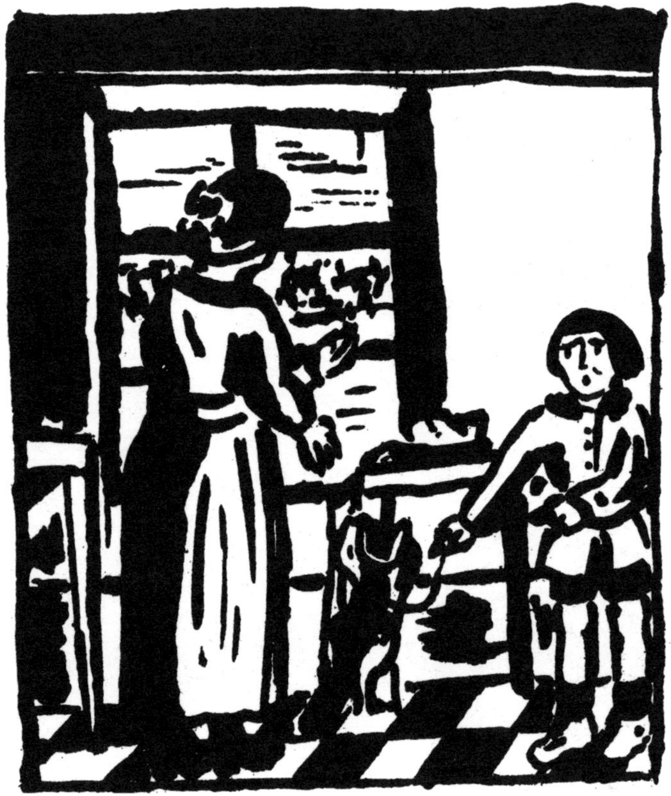

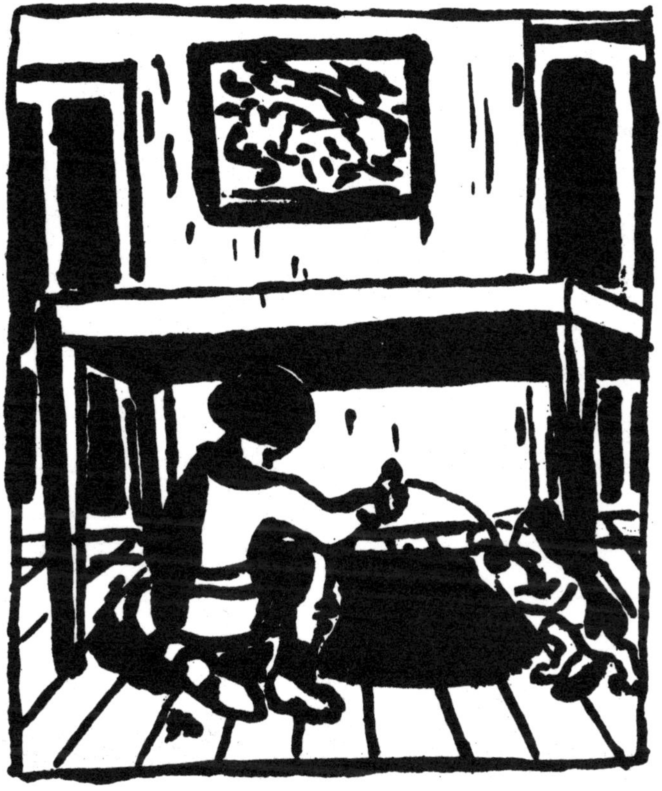

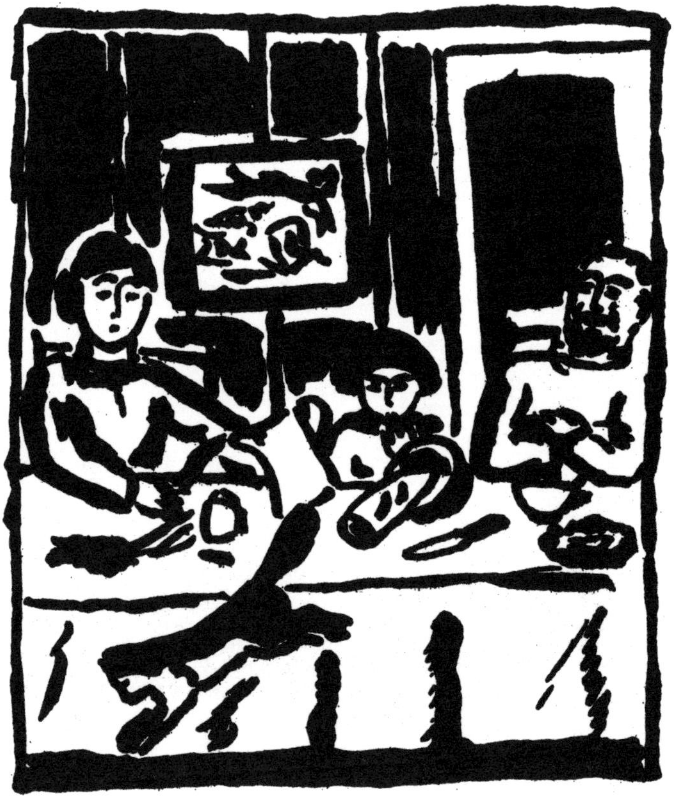

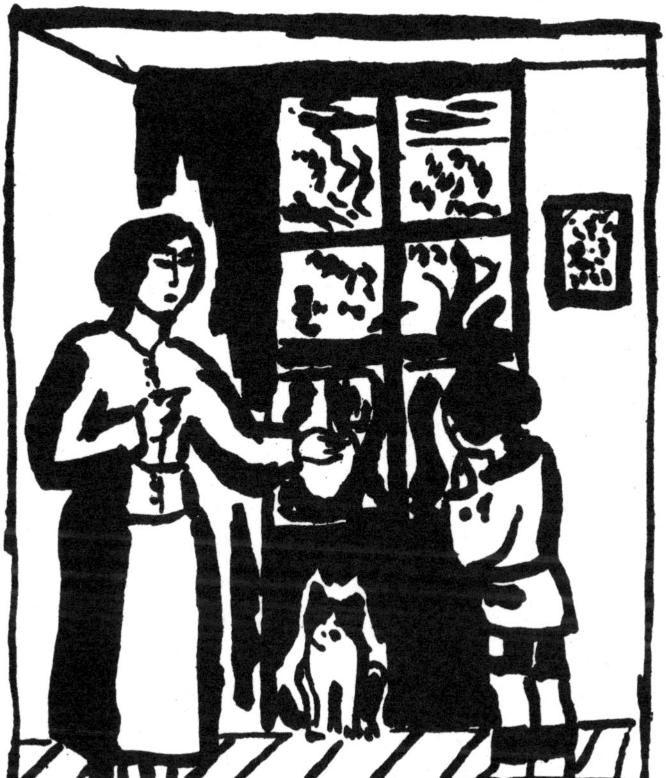

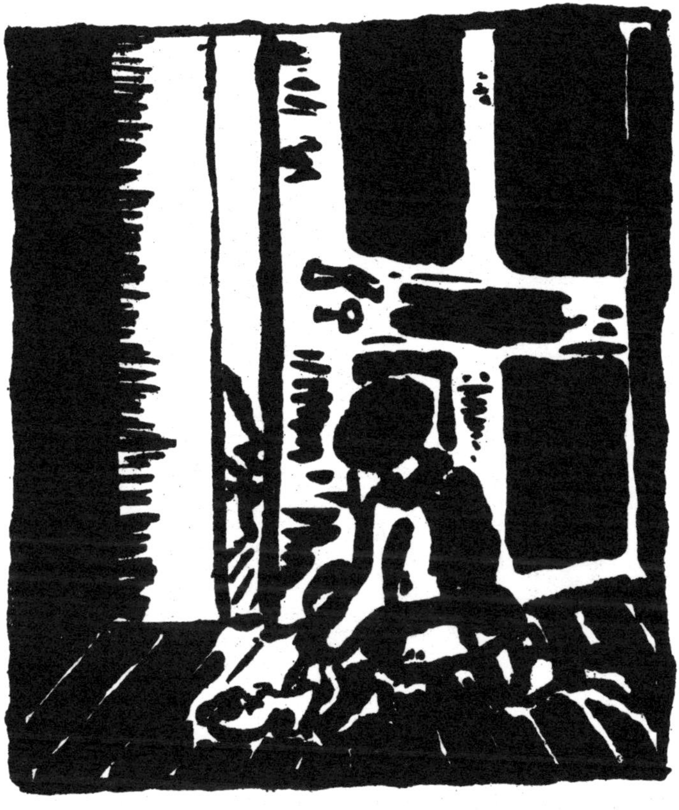

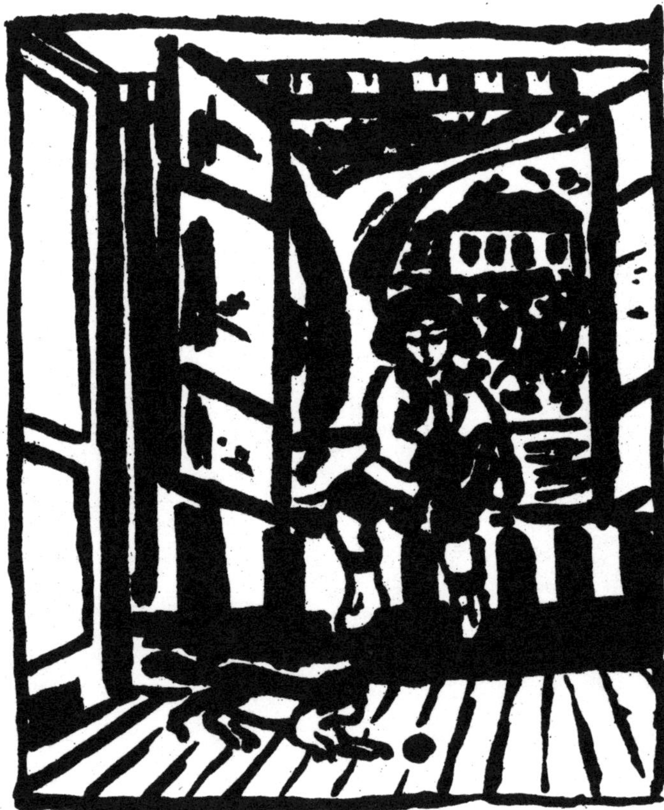

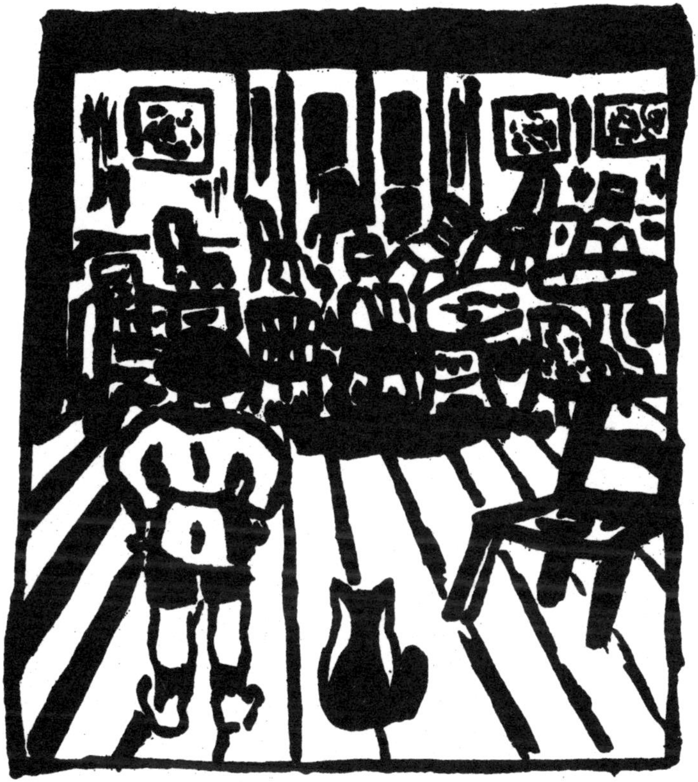

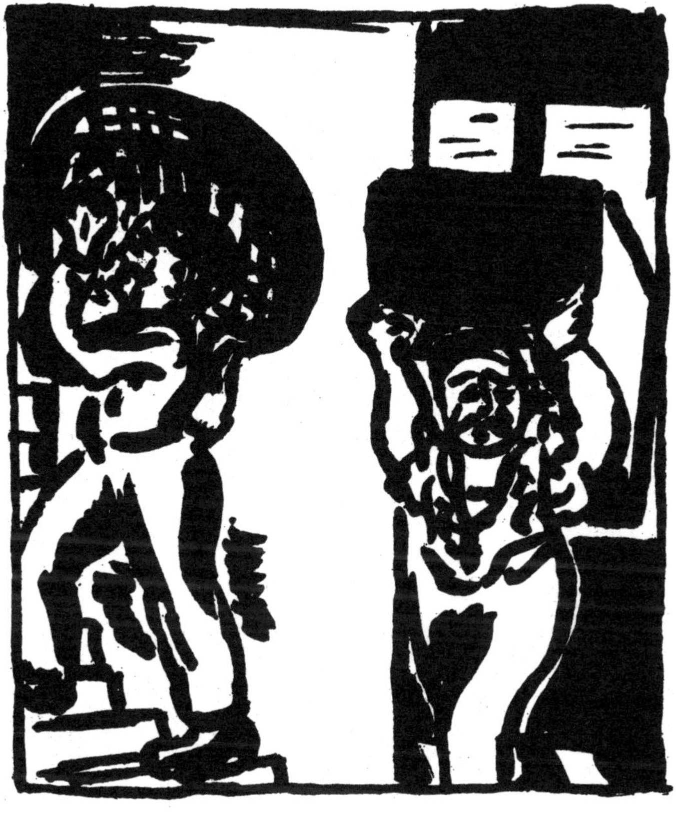

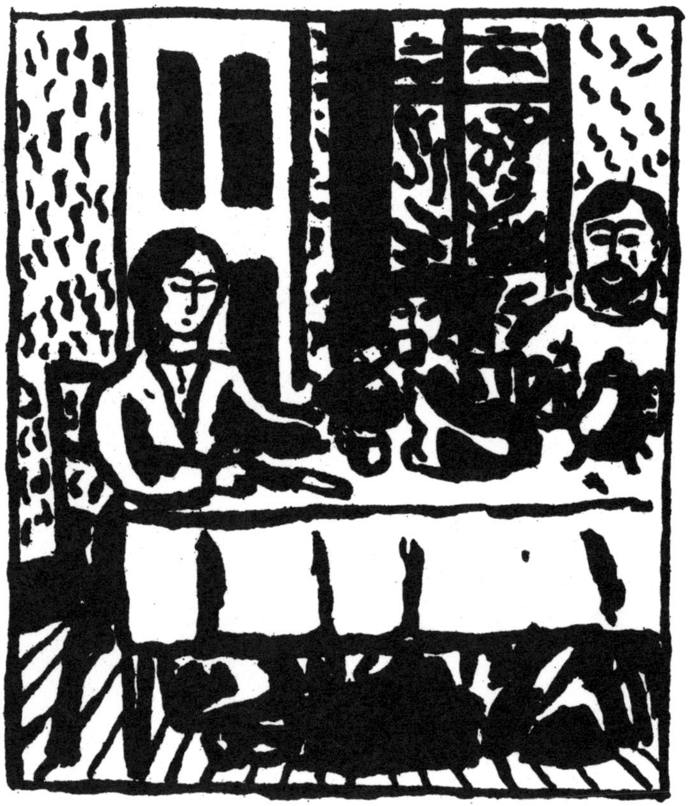

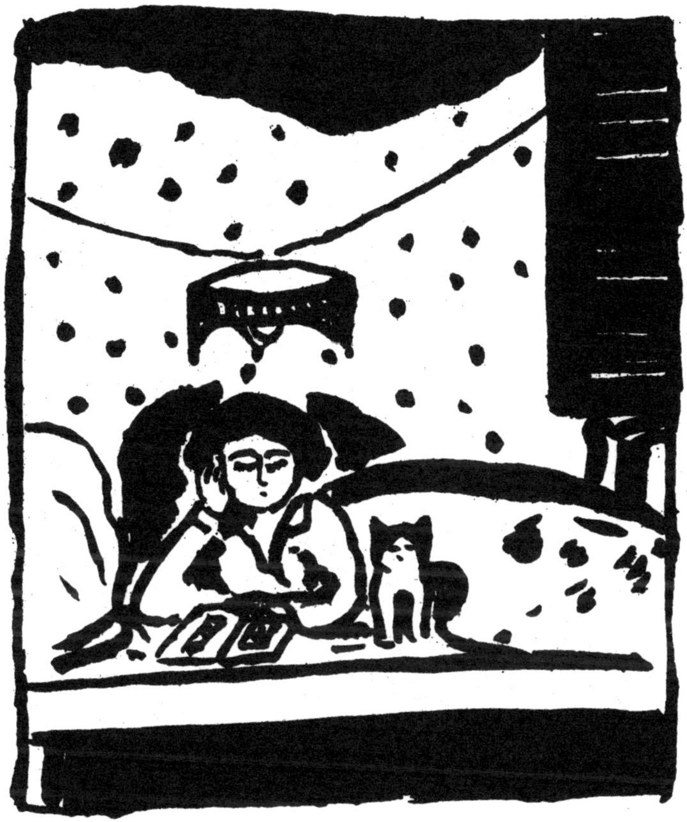

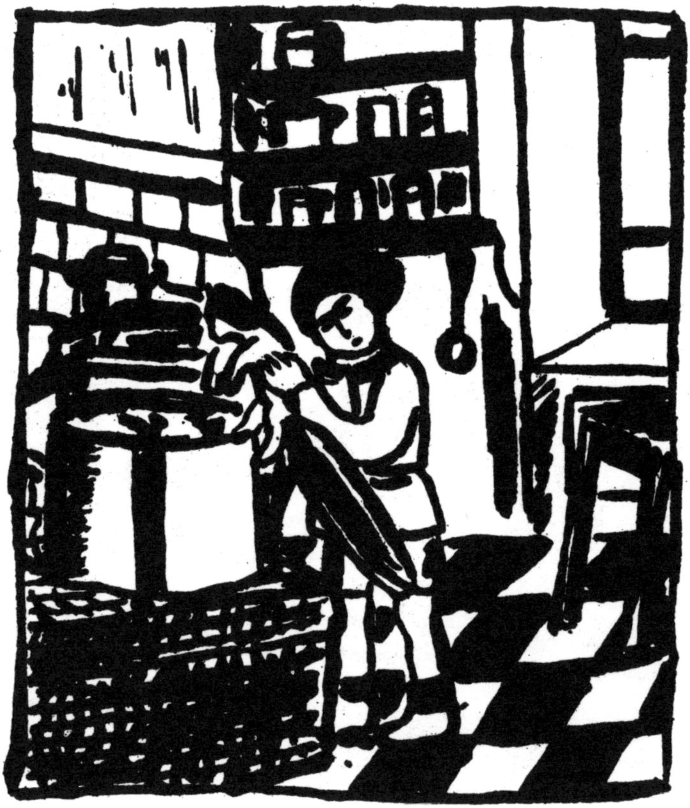

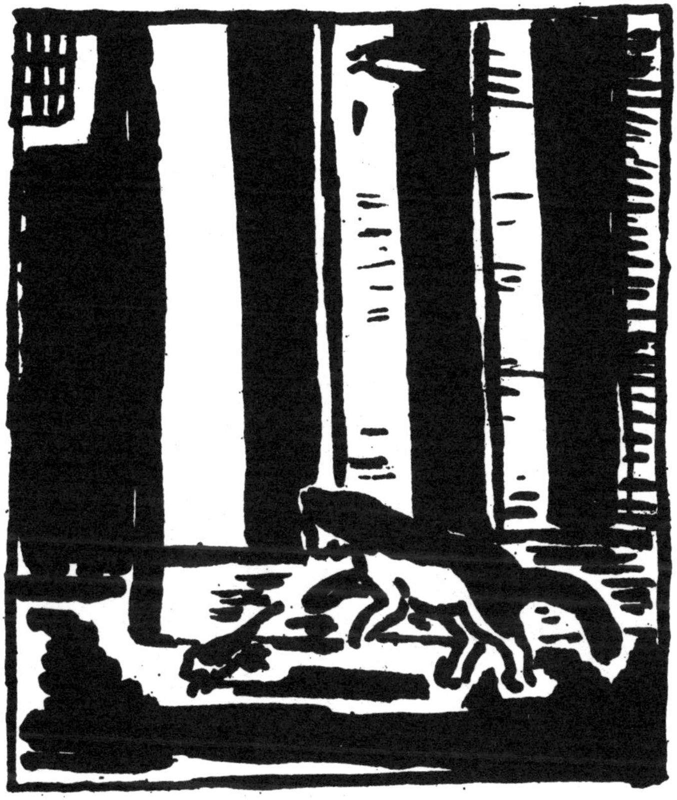

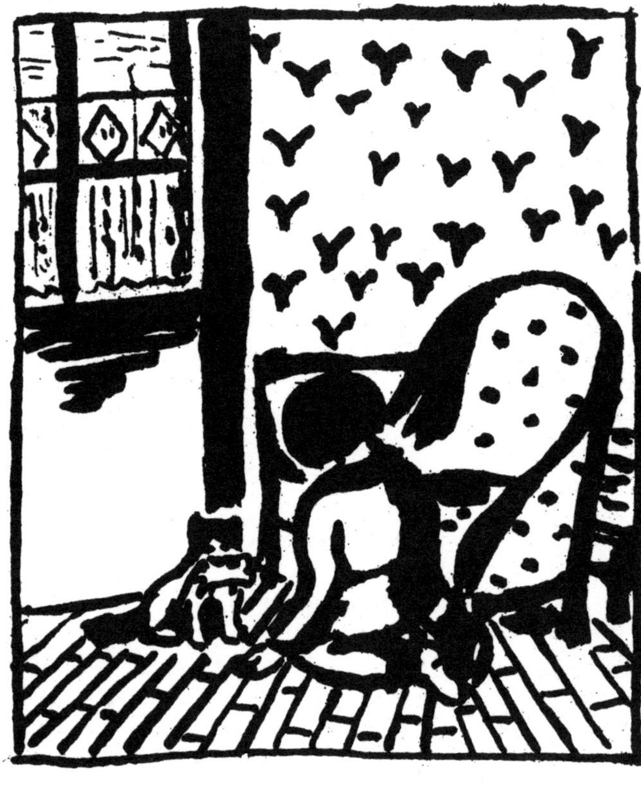

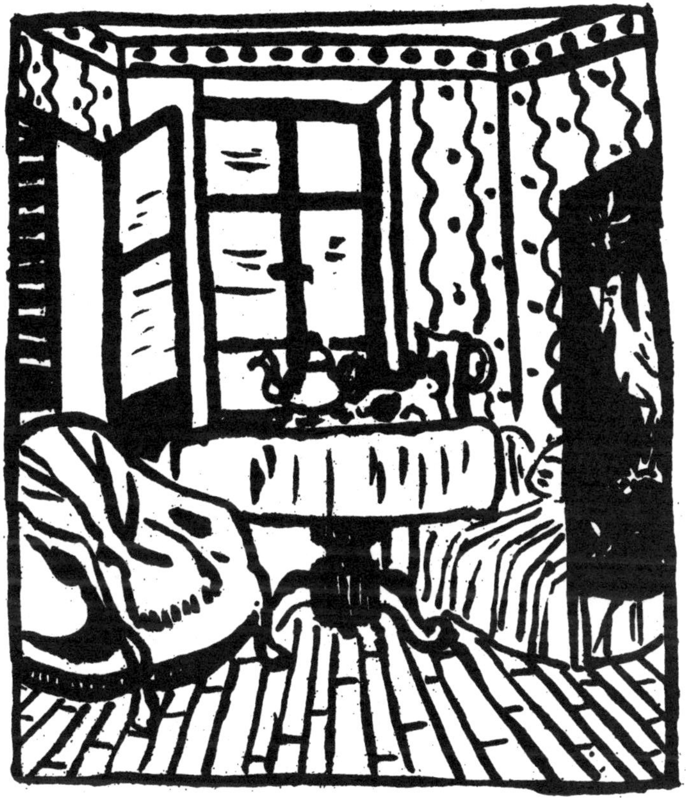

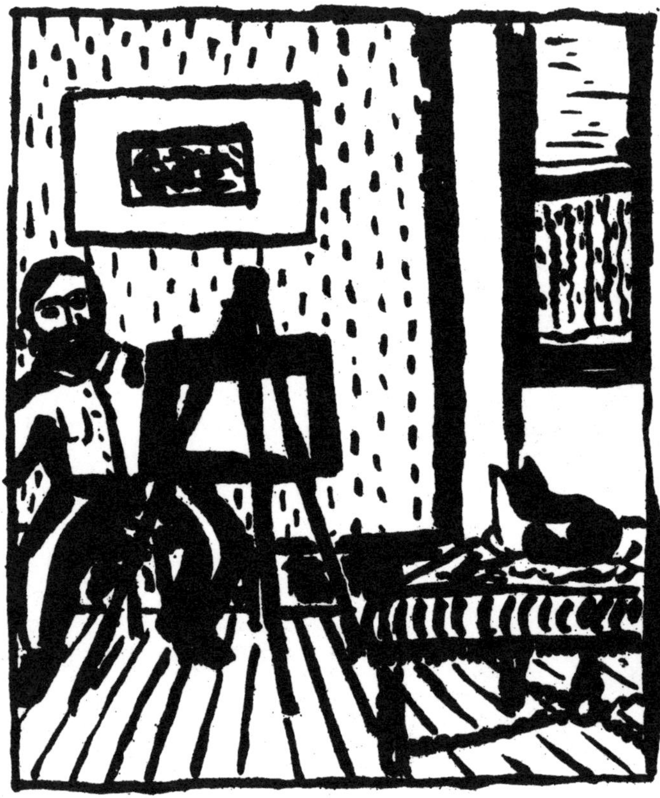

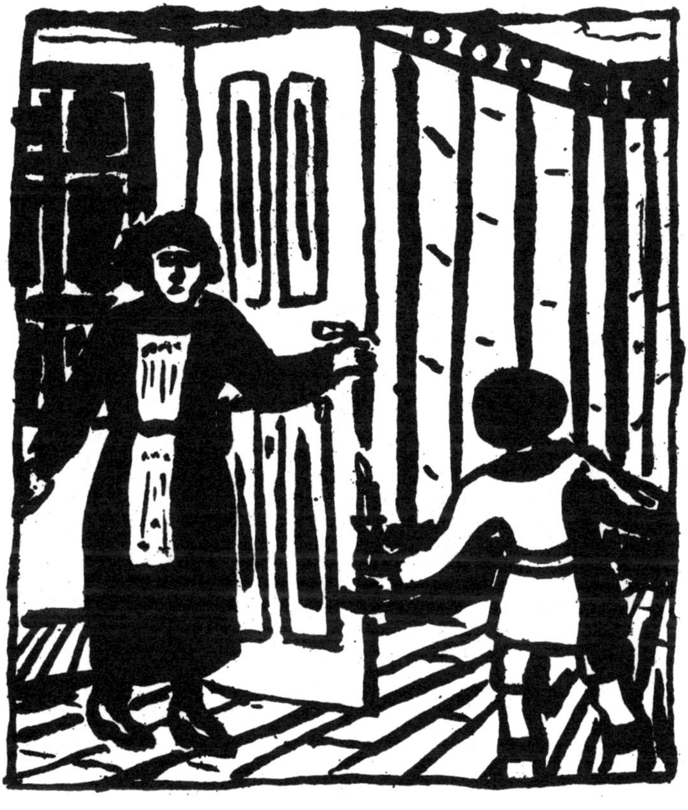

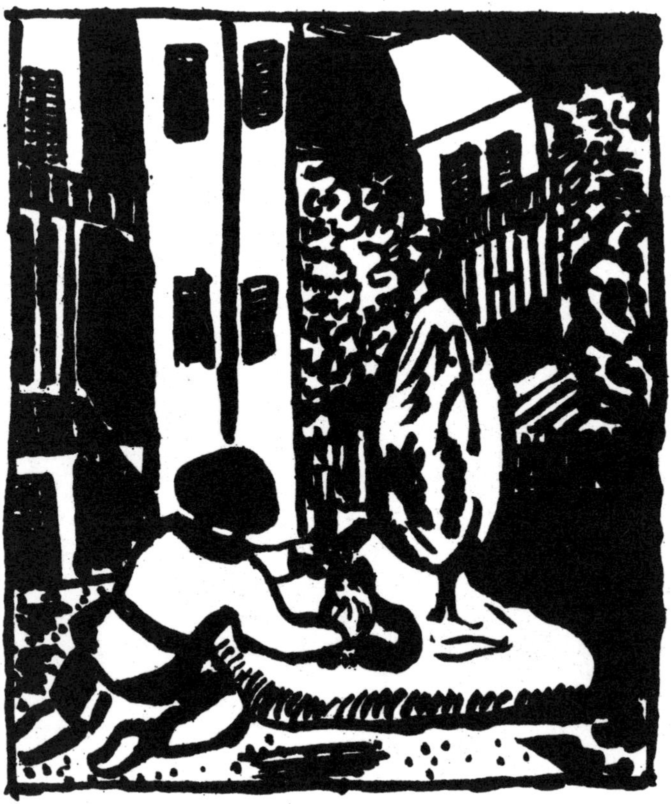

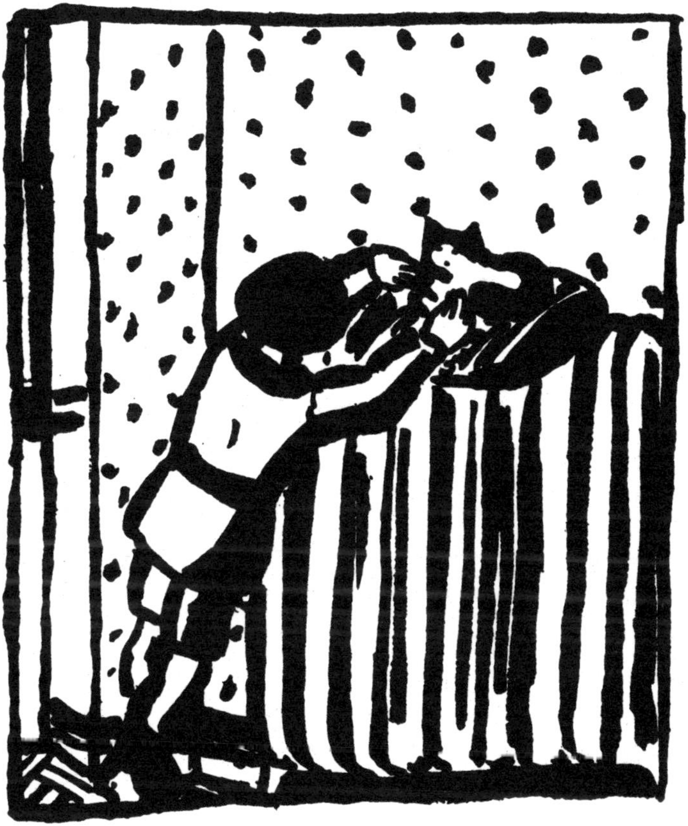

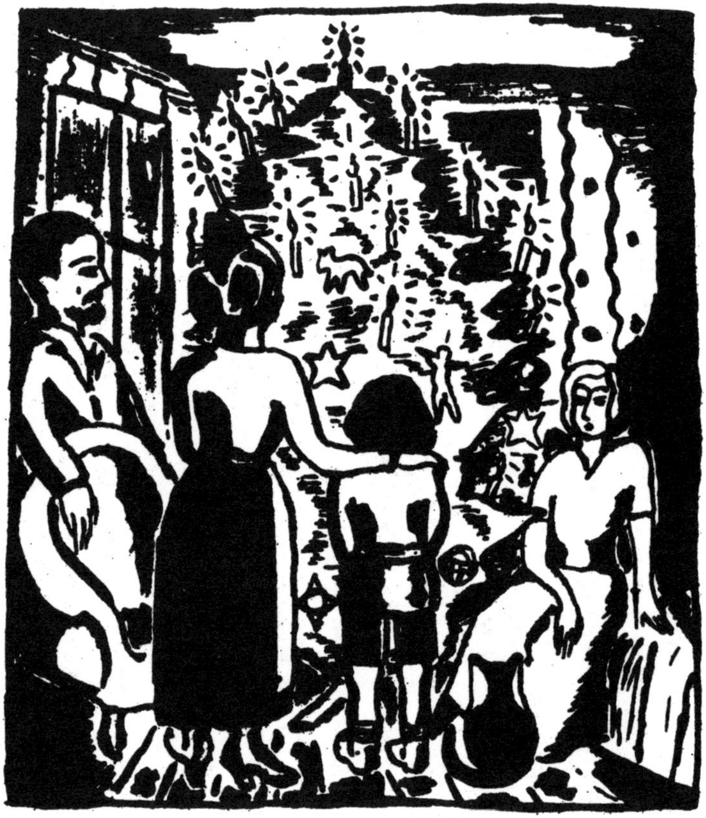

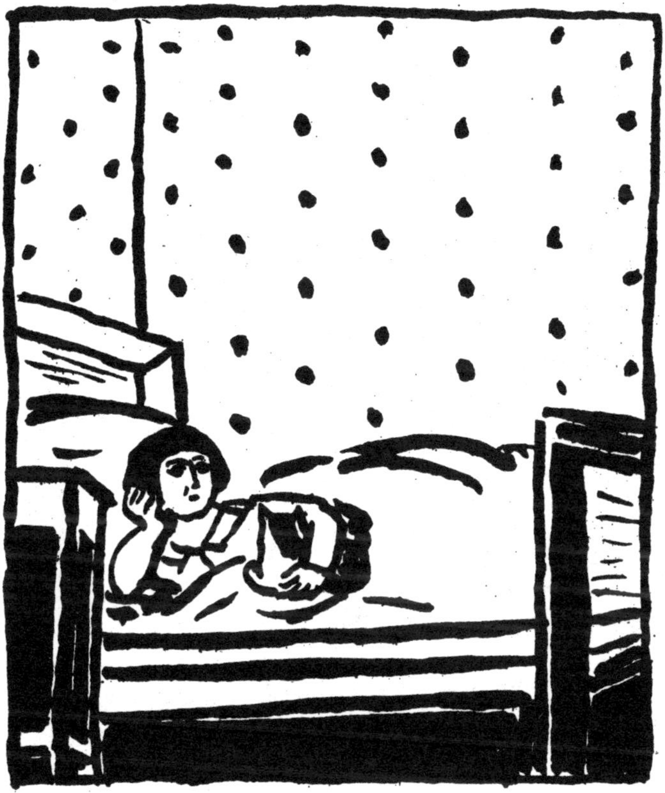

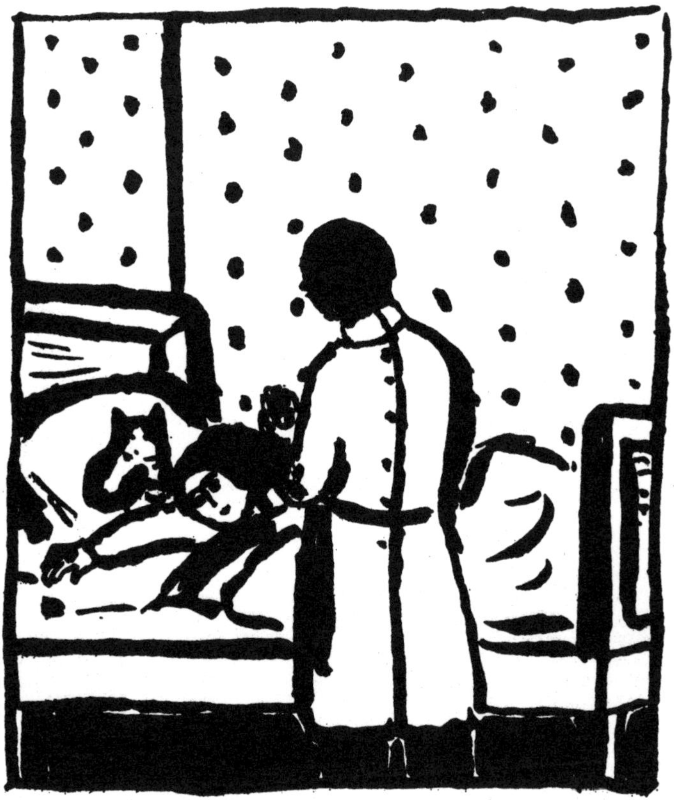

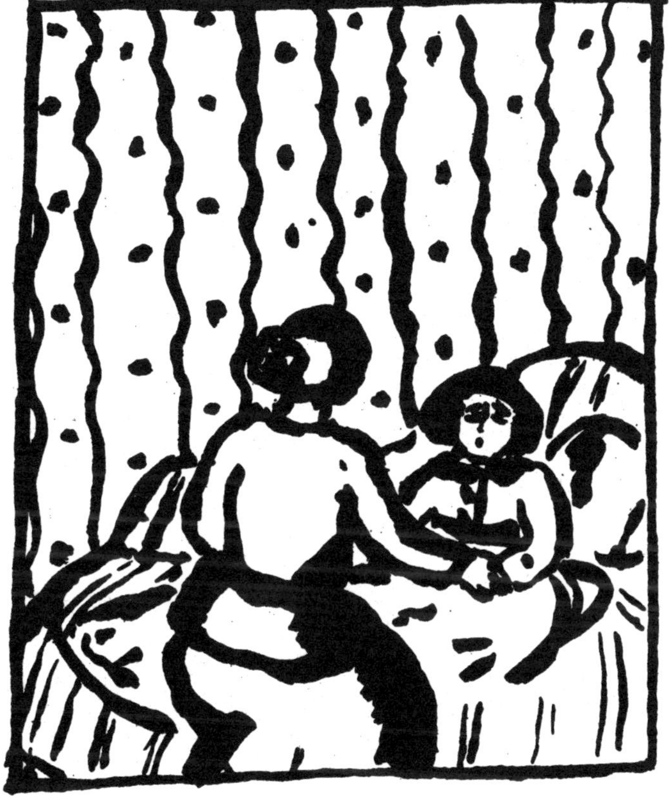

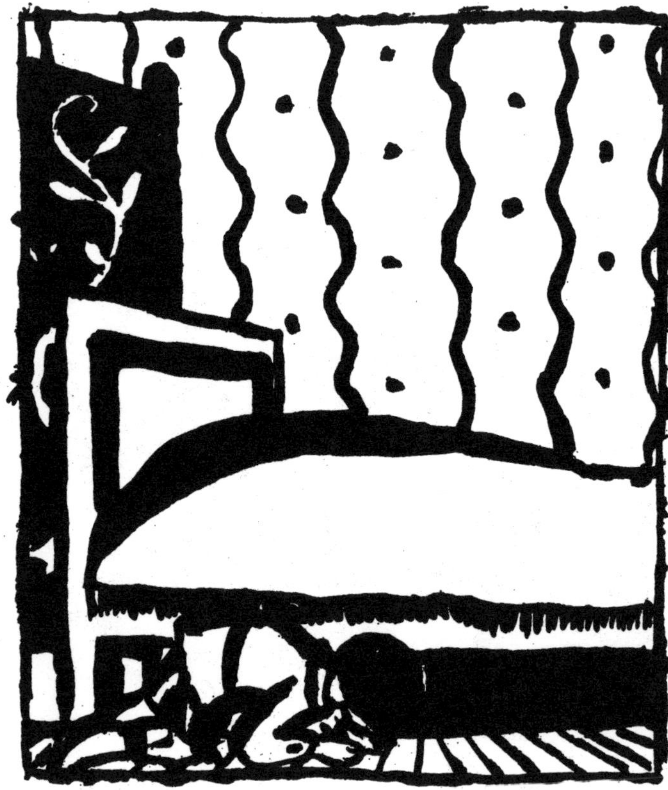

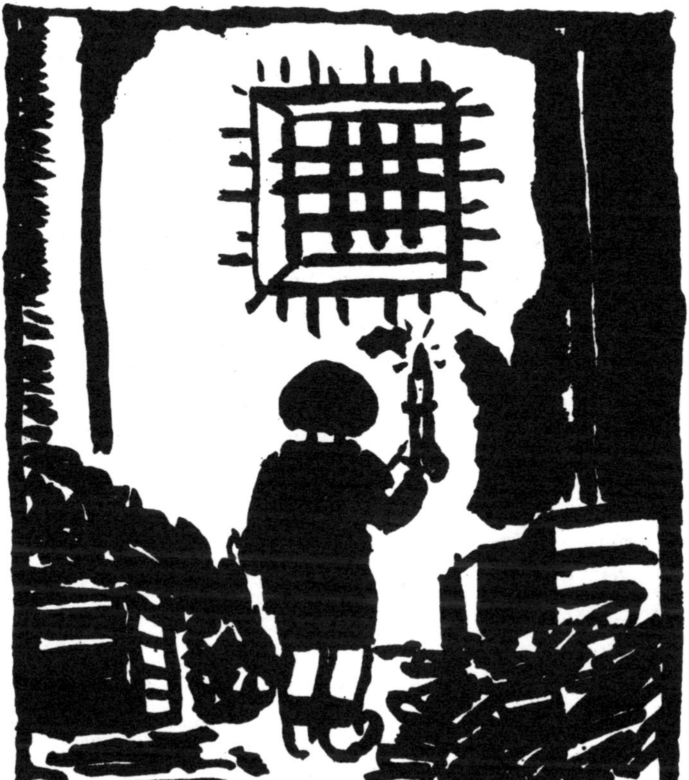

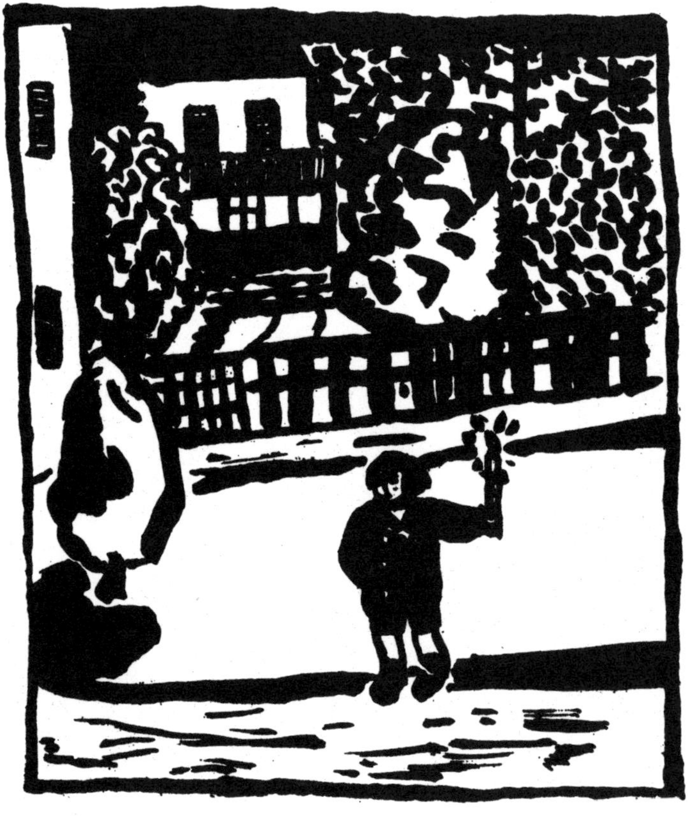

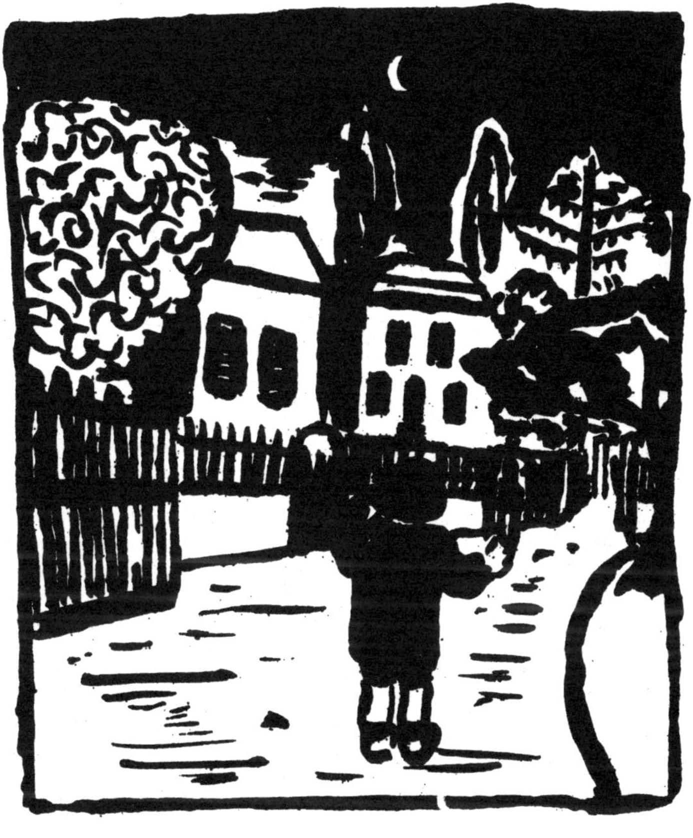

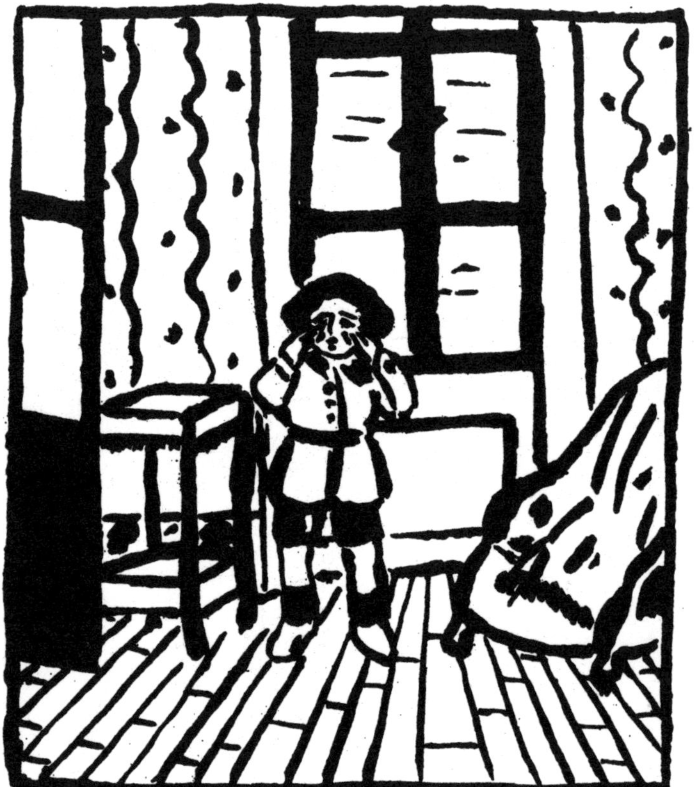

ADAPTATION THÉÂTRALE

DES *Lettres à un jeune peintre*

RACONTÉES PAR MICHAEL LONSDALE

Mon petit Baltusz,

Érigeons de notre mieux ce monument public à Mitsou qui, en disparaissant, n'en demandait pas tant.

Vous le savez, mon petit, vos dessins à l'encre, que, dans ma distraction naturelle, d'un premier regard, j'avais pris pour du bois, me touchent infiniment. C'est votre histoire que vous nous racontez là, c'est l'histoire de l'homme tout simplement, et c'est cela qui me touche au plus profond de mon être. C'est pour cette raison aussi que j'ai décidé de vous aider à publier un jour la belle histoire où est tissée votre amitié avec Mitsou. Et cette histoire si mystérieuse, si impalpable, empruntée à la vie de nos petits félins domestiques, appelle l'émotion des créateurs que nous sommes parce que nous ne pouvons guère nous en passer au quotidien.

J'envisagerais, si une publication devait se réaliser, de vous écrire une préface en langue française, dont j'entends déjà la sonorité des mots. Ce qui est, je vous l'avoue, bien étrange. La penser en français me rend tout fier.

Je ne destine pas notre livre aux enfants seulement, je dis bien notre livre. Le langage parfois très dégagé de vos croquis pourra intéresser tout aussi bien les grandes personnes et nous en serons très flattés, cher petit Baltusz, vous et moi. Mitsou sera, je vous l'assure, votre première entrée dans la peinture.

Le sculpteur Auguste Rodin, dont je fus le secrétaire, me racontait un jour qu'en lisant *L'Imitation de Jésus-Christ*, il remplaçait partout le nom de Dieu par le mot « sculpture » ; c'est ainsi que vous devez, en parcourant ce digne document, remplacer mon nom qui y figure par le vôtre ; car ma contribution à votre futur livre sera trop petite pour que je m'arroge ce rôle prépondérant que je ne devrais assumer que par la convention d'un traité. Votre part à cette œuvre était toute travail et douleur ; la mienne sera mince et, je vous le répète, ne sera que plaisir.

Mon vaillant château zurichois, je vous assure, m'enferme bien. Pas moyen même de sortir du parc, la fièvre aphteuse qui décime les pauvres bêtes tout alentour barre les routes principales. Sans cela je serais allé quand même à Winterthur, demain, pour saluer votre père à sa conférence. Il paraît qu'il part déjà lundi prochain ; j'avais hier une lettre de lui et je lui répondrai en lui exprimant tous les regrets que j'éprouve de ne plus le voir.

Parfois une vraie nostalgie me prend pour Genève, qui, d'ailleurs, comme M. de Salis m'écrit, souffre d'une « drapeaulitis multicolor » qui lui sied mal – mon Dieu, cela ne me gênerait pas beaucoup. Je suis sûr que cette maladie ne s'est point trop propagée dans le doux quartier de la rue du Pré-Jérôme.

Devant ma conscience je suis pourtant très justifié de me trouver ici et seul avec les exigences du travail dont les circonstances fâcheuses m'avaient trop longtemps éloigné. Là-bas, chez vous, ma nature s'épanchait dans cette liberté délicieuse que lui permettent l'affection et l'amitié ; ici, elle se fait austère et avare. Espérons qu'elle sortira quelque peu augmentée de sa prison volontaire.

Vous saurez bien doucement, mon petit, rendre à Baladine, votre mère, les messages d'attachement que je lui destine ; j'avais hier sa lettre et je m'en suis fait, comme toujours, mes bonnes vacances de lecture. Vous saurez également assurer à Pierre, votre frère, la solide et chaleureuse amitié que je lui garde. Et quant à vous-même, mon petit Baltusz, vous le savez – n'est-ce pas ? – que tout franchement nous nous aimons.

Je n'admets point cette précaution qui se croit éducative en détournant de ceux qui le méritent un éloge raisonnable, seulement parce qu'ils sont jeunes ; je suis au contraire convaincu qu'on est obligé d'exprimer son consentement et qu'il serait plutôt permis de cacher un blâme que de supprimer la joie que l'on éprouve à montrer à quelqu'un une satisfaction élogieuse ; car cette joie déjà fait beaucoup plus de bien à celui qui en reçoit l'influence que la louange même pourrait faire de mal en rehaussant trop l'idée de sa propre valeur. Pour vous, on n'a rien à craindre ; tout jeune comme vous êtes, vos instincts d'art me semblent assez profonds pour porter en eux-mêmes un jugement inconscient qui, longtemps avant moi, vous aura dit que ces dessins ont tous les avantages d'une très heureuse inspiration. Presque tous ces soirs, j'ai passé une demi-heure avec vos images et chaque fois j'y ai trouvé des raisons nouvelles de m'en réjouir. L'invention est charmante et d'une facilité qui prouve la richesse de votre vision intérieure ; l'arrangement ne laisse pas de faire valoir l'excellent choix que vous faites, un peu à votre insu, entre les éléments qui s'offrent à la composition rapide… Enfin, pour ne pas dire davantage, si nous pouvions contempler ensemble cette série de quatre fois trois images, nous aurions (vous, l'artiste, et moi, à qui vous avez fait ce joli cadeau) une joie toute pareille, presque la même. En quoi est-ce que cela pourrait nous faire du mal ? Non, mon petit Baltusz, si je me défends d'attirer trop votre attention sur ma joie – sur la nôtre – c'est que je tiens compte des circonstances auxquelles je donne tort et que, malgré cela, je dois constater. C'est terrible que nos écoles ne prennent pas comme point de départ les facultés les plus prononcées de chacun de leurs élèves, qu'elles vont jusqu'à les ignorer et même à les combattre, si par hasard elles en découvrent la fâcheuse existence ! Je n'imagine que trop l'énorme différence entre l'attention intense et heureuse que vous employez à de tels ouvrages, et l'autre, l'attention forcée, aride et commandée qu'on veut vous inculquer dès que vous entrez en classe. Et très contre mon cœur, mon petit, en ce moment, comment faire pour ne pas vous recommander cette dernière ? Il me revient que ce sera l'époque de votre examen, et je souhaite tant qu'il ne s'érige point comme obstacle pour vous arrêter encore dans le mouvement d'usage que vous devez suivre pendant ces quelques années. Tel que je vous vois, je vous crois capable de dominer avec un effort de volonté une partie de votre véritable attention pour la jeter de l'autre côté, du côté de vos devoirs d'élève, ennuyeux la plupart, mais inévitables. Ce ne serait pas, croyez-moi, un compromis, mais un petit acte de générosité qui se trouverait à la hauteur de vos autres talents. Faisant comme cela pendant un certain temps, il n'est pas dit que l'aspect de l'école ne changera pas pour vous quelque peu car, par la supériorité qui en résultera, vous arriverez à y prendre tous les matériaux qui pourraient servir à vos propres idées et à vos intérêts les plus personnels. Car ce n'est pas que l'école ne contienne pas beaucoup de choses qui vous seraient agréables ; seulement, par manque de contact, elle ne s'arrange pas ou assez mal à vous les offrir.

Dites, vous n'étiez pas très bien, Baltusz, à Noël… J'espère que vous faites le pas dans l'année nouvelle avec une assurance raffermie et très joyeuse. Quant à moi, il est possible que je me laisse transporter endormi en 1921, et que je ne la voie que quand l'année sera déjà âgée de quelques heures.

C'est à vous de faire un beau commencement à 1921 ; tâchez de ne pas y manquer et entraînez avec vous Pierre et votre chère maman.

Il y a nombre d'années, j'ai connu au Caire un écrivain anglais, M. Blackwood, qui, dans un de ses romans, émit une assez étrange hypothèse ; il prétend là que, toujours à minuit, il se fait une fente minuscule entre le jour qui finit et celui qui commence, et qu'une personne très adroite qui parviendrait à s'y glisser sortirait du temps et se trouverait dans un royaume indépendant de tous les changements que nous subissons ; à cet endroit sont amassées toutes les choses que nous avons perdues (Mitsou, par exemple), les poupées cassées et bien d'autres choses de notre enfance disparue.

Vous devriez vous faufiler dans la nuit du 28 février, pour prendre possession de votre fête qui s'y cache, en ne rentrant à la lumière que tous les quatre ans ! (J'imagine comme, dans une exposition d'anniversaires, ceux des autres seraient usés à côté de celui-ci qui se soigne, et qu'on retire, à de longs intervalles, tout resplendissant de son dépôt.)

M. Blackwood, si je ne me trompe pas, appelle le « crac » cette fente secrète et nocturne : or, je vous conseille, pour l'agrément de votre maman et de votre frère, de ne pas y disparaître mais d'y regarder seulement dans votre sommeil. Votre fête, je suis sûr, s'y trouve toute rapprochée, vous la verrez du premier coup, et peut-être aurez-vous la chance d'y entrevoir d'autres splendeurs encore. En vous réveillant le 1er mars, vous vous trouverez tout rempli de ces admirables et mystérieux souvenirs et, au lieu de votre fête à vous, vous en ferez une aux autres, généreusement, en leur racontant vos impressions émouvantes et en leur décrivant l'état magnifique de votre rare anniversaire, absent, mais intact et de première qualité !

Cet anniversaire discret et qui, la plupart du temps, habite une espèce d'au-delà vous donne certainement le droit sur beaucoup de choses inconnues ici (il me semble plus important et plus exotique que l'oncle brésilien). Soyez capable d'en acclimater quelques-unes sur notre terre pour qu'elles y grandissent, malgré les difficultés de nos saisons incertaines… à peu près comme M. de Jussieu avait fait avec ce cèdre du Liban qui est devenu l'ornement du Jardin des Plantes !

Quant à « notre livre », je vais terminer mon manuscrit ces jours-ci, en profitant de ces petits changements. J'espère expédier mon texte définitif le 1er mars : en l'honneur de votre fête. Que cela nous soit de bon augure pour notre succès commun et fraternel.

L'autre jour, à Zurich, j'ai donné ordre qu'on vous envoie un petit (mais très petit !) paquet, pour ce jour qui se trouve être substitué à votre invisible fête ; j'espère qu'on sera précis : moi, je le serai sans faute avec mes vœux sincères et avec toute cette amitié que je mets à votre disposition.

Ici, au château de Muzot-sur-Sierre, en Valais, tout se passe comme à l'ordinaire, et moi je bénis cette régularité dont j'avais tant besoin pour reprendre mes travaux et mes pensées, tous un peu d'autrefois dans un monde qui ne fait que courir.

J'ai trop écrit, ma pauvre plume se trouve être fatiguée à force d'avoir fait de si longues promenades presque dans tous les pays de l'Europe et même plus loin ; et je la voudrais reposée pour cet exercice « sur place », pour le travail, qui devrait être sa gymnastique préférée et de tous les jours.

Et votre maman si tendre va-t-elle mieux maintenant ? Elle m'a fait une si admirable et si touchante surprise de cette aquarelle improvisée qu'elle avait ébauchée d'après l'ancienne photographie de mes parents. C'est étonnant, le charme, le style et, par-dessus le marché, la très juste ressemblance qu'elle a su évoquer en reproduisant ces formes effacées et un peu évasives ; c'était une œuvre d'inspiration, et tous les jours encore je suis tout étonné en l'admirant.

L'imprimeur de Heidelberg vous a-t-il fait rendre les originaux de *Mitsou* ? (Il me l'avait promis.) Ne sont-ils pas trop abîmés ?

Au fait, j'ai su par votre mère Baladine toute la satisfaction familiale d'avoir reçu votre, notre premier exemplaire de *Mitsou*. Mon émotion fut forte, mais je pense, sans être devin, que la vôtre, mon petit, fut, connaissant votre sensibilité, encore plus grande. Pensez donc, un premier livre, à votre âge ! Depuis maintenant huit jours qu'il est paru, il ne se passe pas une journée sans que l'on m'apporte une lettre concernant votre petit chat... Il est vivant ! Même si je sais bien que dans votre cœur, il n'a jamais cessé d'être. Je vous ferai parvenir très prochainement ces courriers où, là encore, pour la première fois, vous pouvez découvrir la résonance sur vos nouveaux amis inconnus, les lecteurs.

Adieu donc, bon courage, l'hiver passera. Et, avec le printemps, les idées claires reviennent toujours, vous sortirez de dessous le couvercle des nuages berlinois.

À toujours, cher collaborateur, je reste votre indéfectible ami.

À quelques jours d'ici vous allez célébrer une fois de plus l'absence publique de votre rare anniversaire. Tous mes vœux, que cette année de votre vie qui commence tantôt vous soit bonne et prospère, malgré tout, doit-on dire, car nous sommes, paraît-il, retombés au pire de la tourmente politique qui déjà a empoisonné tant d'années et qui, peu à peu, prive les gens de mon âge de tout avenir raisonnable. Pour vous c'est autre chose, vous devez voir l'aurore de cette nuit mondiale qui nous engloutit, oui, vous devez la voir et l'appeler et la préparer de toutes vos forces.

Maintenant que vous connaissez Muzot, et les boutiques de Sierre, vous comprendrez parfaitement que je dois venir les mains vides à votre fête… Frida, quant à elle, vous avait préparé un gâteau, mais celui-ci ne pourra pas partir, le pauvre. Elle vient de me le montrer et j'ai dû convenir qu'il n'était ni transportable, ni présentable… C'est plutôt une histoire de fantôme. Frida me racontait avec une voix blanche et un œil tout rond encore sa vision lugubre : à minuit exactement, il s'est effondré à moitié. En effet, c'était devenu un gâteau lunaire, puisqu'on ne voit qu'un seul côté, celui-là splendide, il est vrai, mais cela ne suffit pas à la réalité d'un « Gugelhupf », surtout quand il doit se mettre à voyager ! On en fera un autre, puisque, je le crains, la poste est assez lente, vous ne l'aurez probablement qu'après votre fête d'anniversaire.

Et voici encore Minot qui s'approche pour vous féliciter, mon cher Baltusz. C'est un chat presque grandeur nature maintenant, très sage, extrêmement doux et grand dormeur. Il vous montre ses pattes lentes et vides où dort un fond de caresses distraites. Son enfance se terminait par un exploit remarquable. Une nuit très froide – c'était en décembre, je crois – Frida (qui n'a pas un cœur à continuité) l'avait oublié dehors dans la neige, et au milieu de la nuit (à peu près au moment où les gâteaux s'enfoncent à moitié), voilà ce que cette petite bête a imaginé.

Sans doute elle avait tourné autour de la maison pour trouver quelque trou où se glisser, alors, ne trouvant rien, elle a grimpé (pensez, à l'âge qu'elle avait alors !) sur l'arbre, ce prunier, à côté de la maison, elle s'est aventurée jusqu'en haut et elle a osé le saut magnifique sur mon petit balcon, d'où (puisque la porte reste toujours ouverte) elle est entrée dans ma chambre à coucher. Je me suis éveillé de sa petite voix moitié plaintive, moitié courroucée, sans pouvoir d'abord m'expliquer sa présence nocturne... N'est-ce pas une intelligence qui « promet » ?...

Maintenant, depuis peu, elle dort toujours sur le grand poêle de la salle à manger toute la nuit, mais quant à son « service », les souris ne l'intéressent guère, elle chasse, elle chasse les mouches et voudrait bien chasser les oiseaux qui, heureusement, apprennent dans leur école que les chats n'ont pas d'ailes.

Et vous ? Fréquentez-vous votre nouvelle école ? Avez-vous terminé votre pièce orientale ? J'espère en tout cas pour vous, comme pour moi, que les événements de la Ruhr n'empêcheront pas tout cela. Comme tout le reste d'ailleurs. Restez courageux et en bonne santé, c'est tout ce que l'on peut faire en attendant.

Après-demain, une petite fois après quatre ans, vous consentez enfin à avoir un bout d'anniversaire véritable. Vous voyez que cela vaut la peine d'en avoir, puisque le lendemain on file pour Paris ! Cette situation heureuse permet qu'on vous dise beaucoup de vœux extraordinaires qui ne tarderont pas à s'accomplir. Donc, partez et soyez heureux : qui pourrait vous dire davantage, en considérant que c'est Paris qui vous attend et votre frère que, sans doute, vous allez trouver grandi !

À Muzot, tout le monde est un peu souffrant cet hiver ; même cette pauvre Minot, ce qui a empêché Frida de vous faire un gâteau ; car tous les soirs ça lui prend beaucoup de temps de laver et de soigner la pauvre bête qui ne comprend pas bien son traitement et ne pense qu'à échapper à ces applications ennuyeuses qui sentent mauvais et qui lui mouillent la fourrure.

Puis-je garder encore un peu votre Piero della Francesca ? Je le regarde lentement, et j'imagine que, le premier temps à Paris, ce livre ne vous manquera pas... Il y aura tant de réalités et tant d'autres images pour le remplacer ! Mais si, un jour, il vous manque, faites-moi signe !

Une fois de plus, mon cher petit, vous devez vous constituer une petite fête avec les onze intervalles imperceptibles entre les coups de minuit du

28 février. Peu de personnes, certainement, disposent d'une matière si pure, tout inédite, pour en composer leur anniversaire ; le vôtre, pour être rare, est une véritable pièce de collection. Faites-vous donc avec les éléments minuscules de son absence un gentil tissu personnel où les autres puissent placer, à la matinée du 1er mars, leurs yeux et leurs voeux. Et que la nouvelle année soit tout utile et utilisable à vos plus profonds besoins, connus ou inconnus par vous-même.

Je n'ai pas oublié ce don magnifique que vous m'avez fait, vers la fin de l'année passée : je suis sûr que cette copie est une œuvre belle et qui me parlera indéfiniment. Seulement, je vous prie de ne pas penser à me l'envoyer à présent. Car je ne crois pas que je rentrerai directement à Muzot, si, ici, un jour on me trouvera cuit à point, votre peinture y serait seule et personne ne s'en réjouirait ; cela m'inquiéterait. Il faut que, d'abord, elle reste auprès de vous pour que vous puissiez la montrer à des amis et aux amis de vos amis, et aussi pour qu'en la voyant davantage vous en tiriez l'envie de faire d'autres belles choses d'après les maîtres ou d'après l'accord qui s'établit entre votre imagination et tout ce qui vous arrive. Mais, cela dit, je dois ajouter que je suis fier et heureux de ce Narcisse qui, un jour, viendra enrichir mon entourage immédiat de sa tendresse composite et de cette somme admirative dont il témoigne.

Puisque nous sommes à ce thème de Narcisse, vous chargerai-je d'une démarche auprès de la libraire de la rue de l'Odéon, Mlle Monnier ? Elle pourra peut-être m'aider dans une affaire dont voici les principaux détails. On édite, depuis peu, à Paris, une *Série de l'Horloge*, série, je crois, de douze volumes qui ne se vendent qu'aux souscripteurs de la série entière. J'ai voulu être à tout prix de leur nombre, car ce cycle (dont le premier numéro déjà publié fut la *Prière mutilée*, de Cocteau) contiendra ces *Notes au Narcisse* que Valéry a pensé de préposer aux différents fragments de son *Narcisse*. Serai-je un jour ou non le traducteur de ces poésies, je l'ignore ; mais je mets une grande importance à la possession de cette introduction qui, sans doute, représentera un supplément tout précieux aux fragments. Aussi avais-je prié Mme Moone (à Zurich) de me faire inscrire parmi les souscripteurs de la série complète (quoique assez chère), puisqu'il n'y avait pas d'autres moyens de se procurer cette plaquette qui, une fois parue, deviendra rarissime. Or, les éditeurs parisiens tiennent en parfait mépris les commandes qui leur viennent de l'étranger, et malgré l'insistance de ce bon M. Morisse, celui de la suite en question (j'ai oublié qui l'édite) a refusé d'accepter la commande. Morisse lui-même croit que certains libraires de Paris se seront assuré quelques exemplaires pour leurs clients ; si, par exemple, Mlle Monnier en était, je serais tout heureux de pouvoir, par son intermédiaire, souscrire à tous les volumes. Exposez-lui quelque jour, en passant, mon embarras.

Pour moi-même, j'ai grande envie de ne rien affirmer, mais si vous vous imaginiez qu'un mauvais sorcier m'a changé en tortue, vous seriez tout près de la réalité : je porte une forte et solide carapace d'une indifférence à toute épreuve, et même ma tête, si je la sors parfois (mauvaise habitude), ne reçoit point d'impressions qui surpasseraient sensiblement la capacité d'une cervelle de tortue moyenne. Cet état comporte certainement quelques avantages millénaires, mais j'avoue que je n'ai pas encore appris à m'en servir.

À propos, cette exposition du Moyen Âge, à la Bibliothèque nationale, elle doit être étonnante, non ? Mais avez-vous pensé d'aller voir au pavillon Marsan les dessins de fleurs et d'animaux du XVIIe siècle ? (Ce sera déjà passé, je suppose.)

C'est donc vrai que vous allez bientôt voyager de nouveau et revoir cette belle Italie que j'ai à deux pas de chez moi, sans jamais les faire, ces deux pas ! Je suis attendu, à Milan, à Venise, à Florence…, et j'ai le visa nécessaire dans mon passeport, mais je ne suis plus « l'homme qui voyage », tout m'arrête, et aucun des trains, même le grand rapide couleur de hanneton, avec tous ses écriteaux, que je vois journalièrement passer de mon balcon de Bellevue, ne me jette le moindre vent de tentation. Je finirai par avoir de petites racines barbues, et il faudra venir m'arroser de temps en temps (mais pas trop, cela me rappellerait les pieds froids).

Mon cher, je voulais vous dire : ne partez pas sans m'envoyer votre Nicolas Poussin (le mien : je le dis avec fierté). C'est comme si mes murs avaient changé d'habit pour dignement le recevoir : il sera probablement leur seul ornement ; tant la chambre est devenue jolie, cette fois, avec ses panneaux verts de mon invention, que je ne voudrais pas remettre à leur place les anciennes gravures (tout en les regrettant, qui m'avaient tenu une si charmante compagnie...).

J'aimerais, Baltusz, connaître votre opinion au sujet de l'église de J.-M. Sert, actuellement exposée à Paris. Avez-vous vu ces décorations et souscririez-vous à l'article de Claudel que voici ? (Qu'il s'exprime magnifiquement parfois !) D'après lui, il y aurait donc un peintre de notre temps qui eût réussi ce miracle : de créer une doublure de peinture entière à un manteau de Dieu. Seul un Espagnol ou un Russe pourrait, en notre époque, être susceptible d'une tâche si énorme, de cette somme de peinture, qui devrait être une somme de vie et de foi. Me direz-vous un petit mot là-dessus ? Si cela ne vous dégoûte pas trop de trouver soudain entre vos doigts une pauvre plume au lieu du pinceau, faites-moi un petit signe parfois, aussi quand vous serez en Italie. Où irez-vous d'abord ?

J'apprends que le *Malte* français a paru, mais je n'ai pas encore vu un seul exemplaire ; je vais télégraphier à Betz à ce sujet…

Pour finir, mon Baltusz, que l'on appelait il n'y a pas si longtemps « le garçon aux chats », je crois qu'il est temps de parler de votre avenir. Donc de votre très récent passé qui me laisse, je vous l'ai déjà formulé, on ne peut plus optimiste sur vos qualités – ce dernier mot bien réducteur à mes yeux – de ce que je pourrais appeler votre génie naissant. Ce qu'un grand ancêtre littéraire nommait ses affinités électives, nous pourrions, mon petit, sans trop d'orgueil, nous approprier ce titre ou cette formule. Sans aller vers un paternalisme qui, pour le moins, venant de moi, serait très déplacé, il faut bien me résoudre, avant que je ne sois cuit à point, à vous parler de nouveau. Je pense que, comme moi, vous avez compris notre appartenance secrète, mystérieuse, au monde des chats.

Cette impossibilité somme toute de connaître vraiment la nature des chats. Je vous avait écrit quelque part, dans un questionnement, qui reste en l'état, l'homme fut-il jamais leur contemporain ? Baltusz, je vous donne l'autorisation, continuant votre chemin humain et artistique, de paraphraser les romantiques allemands et, dans le pouvoir que donnera plus tard mon absence, de vous nommer le roi des chats. Mon cher Baltusz, je sais que vous aimez la grâce farouche des chats et que, par un étrange mimétisme, elle finit par vous habiter. Les chats vous rappelleront tout votre travail, leur présence silencieuse ne troublera jamais votre existence, mais au contraire, elle l'accompagnera tout au long, je l'espère, de votre œuvre. Mes propos, vous le savez, surtout à mon âge, ne sont pas de l'ordre du fantasme et, si toutefois ils l'étaient, cela serait dans une lucidité implacable de ce que vous offrirez un jour aux hommes grâce à vos petits félins.

Par Michel Archimbaud
et Jean-Pierre Althaus

Nous tenons à remercier

La Fondation Balthus,
le Musée des Arts Forains,
Clémentine et Jean-Paul Favand,
Valérie Gautier, directrice artistique,
Jean-Pierre Althaus, conseiller littéraire
Jean Clair,
Pascale Comte,
René Gonzalez,
Simon Adda-Reyss,
Michael Lonsdale.

GÉNÉRIQUE DU CD

Mitsou, histoire d'un chat
Lettres à un jeune peintre
Rainer Maria Rilke

Réalisation et direction artistique :	Olivier Bernard
Lecteur :	Michael Lonsdale
Pianiste :	Simon Adda-Reyss
Voix d'enfant :	Baptiste Archimbaud
Conseiller :	Jean-François Spricigo
Musique :	Orgue de Barbarie du musée des Arts forains © D.R.

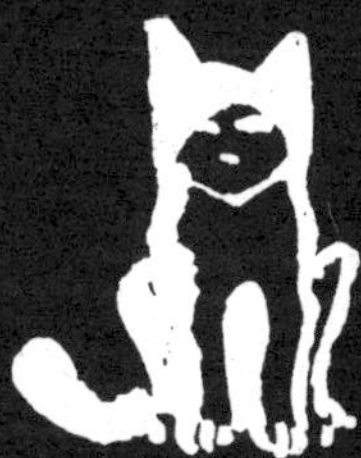

Direction d'ouvrage : Eric Adda
Direction artistique : Valérie Gautier

Imprimé en Italie par «La Tipografica Varese S.p.A.»
Éditeur n° 7109

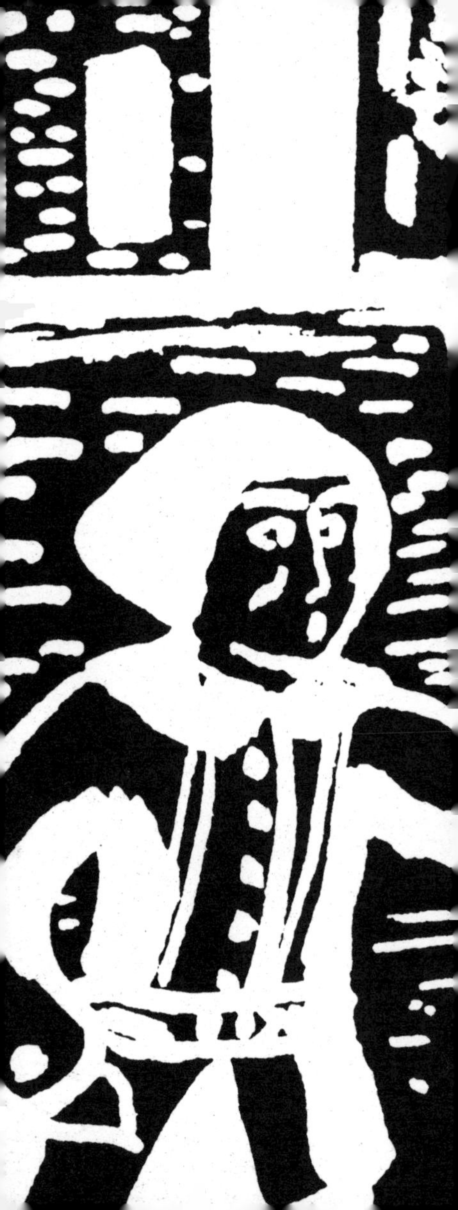